T0194513

essentials

essentials liefern aktuelles Wissen in konzentrierter Form. Die Essenz dessen, worauf es als „State-of-the-Art" in der gegenwärtigen Fachdiskussion oder in der Praxis ankommt. *essentials* informieren schnell, unkompliziert und verständlich

- als Einführung in ein aktuelles Thema aus Ihrem Fachgebiet
- als Einstieg in ein für Sie noch unbekanntes Themenfeld
- als Einblick, um zum Thema mitreden zu können

Die Bücher in elektronischer und gedruckter Form bringen das Expertenwissen von Springer-Fachautoren kompakt zur Darstellung. Sie sind besonders für die Nutzung als eBook auf Tablet-PCs, eBook-Readern und Smartphones geeignet. *essentials:* Wissensbausteine aus den Wirtschafts-, Sozial- und Geisteswissenschaften, aus Technik und Naturwissenschaften sowie aus Medizin, Psychologie und Gesundheitsberufen. Von renommierten Autoren aller Springer-Verlagsmarken.

Weitere Bände in der Reihe http://www.springer.com/series/13088

Florian Lanzer · Lucas Sauberschwarz ·
Lysander Weiß

Erfolgreich durch die Krise

Strategieentwicklung in Zeiten von
Finanzkrise bis Corona

Florian Lanzer
Venture Idea GmbH
Düsseldorf, Deutschland

Lucas Sauberschwarz
Venture Idea GmbH
Düsseldorf, Deutschland

Lysander Weiß
Venture Idea GmbH
Düsseldorf, Deutschland

ISSN 2197-6708   ISSN 2197-6716   (electronic)
essentials
ISBN 978-3-658-30542-0   ISBN 978-3-658-30543-7   (eBook)
https://doi.org/10.1007/978-3-658-30543-7

Die Deutsche Nationalbibliothek verzeichnet diese Publikation in der Deutschen Nationalbibliografie; detaillierte bibliografische Daten sind im Internet über http://dnb.d-nb.de abrufbar.

Planung/Lektorat: Isabella Hanser
Springer Gabler ist ein Imprint der eingetragenen Gesellschaft Springer Fachmedien Wiesbaden GmbH und ist ein Teil von Springer Nature.
Die Anschrift der Gesellschaft ist: Abraham-Lincoln-Str. 46, 65189 Wiesbaden, Germany

Was Sie in diesem *essential* finden können

- Eine Einführung in die grundsätzlichen Herausforderungen, Entwicklungen und Lehren vergangener Krisen
- Best Practices von Unternehmen, die als Gewinner aus vergangenen Krisen hervorgegangen sind
- Ein in der Praxis erprobter, 7-stufiger Prozess zur Strategieentwicklung in Krisenzeiten
- Direkt anwendbare Instrumente zur Strategieentwicklung im eigenen Unternehmen
- Eine Anleitung, um nicht nur erfolgreich durch die Krise zu kommen, sondern durch diese auch erfolgreicher zu werden.

Vorwort

Für das Jahr 2020 wird „Krisenmanagement" ein prägendes Wort sein. Die Corona-Pandemie stellt die gesamte Wirtschaft vor enorme Herausforderungen, unternehmerische Entscheidungen sind plötzlich unter grundlegend veränderten Rahmenbedingungen zu treffen. Als Landesregierung Nordrhein-Westfalen haben wir im Zusammenwirken mit dem Bund die Unternehmen im Land mit einem beispiellosen Hilfspaket unterstützt – unter anderem mit einer Soforthilfe für kleine Unternehmen, mit steuerlichen Maßnahmen und einem ausgeweiteten Bürgschaftsprogramm. Dies ist Teil der Überzeugung, dass es uns in gemeinsamer Anstrengung von Wirtschaft, Gesellschaft und staatlichem Handeln gelingen wird, die Krise zu bewältigen und aus dieser Kraftanstrengung bereits neuen Schwung für die danach kommende Zeit zu gewinnen.

Gerade in herausfordernden Zeiten sind optimistische Perspektiven wichtig. Dann können auch neue Chancen, die die Krise offenlegt, erkannt werden. So kann aus den Maßnahmen aufgrund der Corona-Pandemie durchaus ein Schub für Transformationen erwartet werden, für digitale Prozesse und Geschäftsmodelle, für agile Arbeit und stärker diversifizierte Wertschöpfungsketten. Mit dem Restart gilt es, die unter schwierigen Bedingungen gewonnenen positiven Erfahrungen fortzuschreiben und ihre Vorteile für die Zukunft zu sichern. Für die Sphäre staatlichen Handelns heißt das etwa, die Erfahrung mit deutlich stärker genutzten digitalen Prozessen, mit unbürokratischeren Verfahren und beschleunigten Abläufen für den „Normalbetrieb" nutzbar zu machen. Für Unternehmen bedeutet es, bereits während der Krise deren Ende zu reflektieren und zukunftsweisende strategische Entscheidungen zu treffen.

Angesichts der massiven gesundheitlichen Auswirkungen und der gravierenden wirtschaftlichen Folgen der Corona-Pandemie ist ein „die Krise als Chance" zu schlicht. Aber richtig ist: Krisen sind Katalysatoren für Veränderungen, denen man bestmöglich eine zukunftsorientierte Perspektive geben muss.

Der Anspruch dieses Buches, für Krisenzeiten anwendungsorientierte Unterstützung in der Strategie- und Entscheidungsfindung zu geben, ist von kaum zu übertreffender Aktualität. Sollte es gelingen, Unternehmen in der Krise zu stützen, den Schub für innovative Prozesse und Geschäftsmodelle zu nutzen und damit insbesondere die Digitalisierung weiter nach vorne zu bringen, besteht die Chance, nicht nur erfolgreich durch die Krise zu kommen, sondern sogar mit ihr neue Stärke zu gewinnen. In diesem Sinne ist der Buchtitel bewusst doppeldeutig gewählt und kann Mut machen – das ist in jeder Krise eine wertvolle Grundlage.

Prof. Dr. Andreas Pinkwart
Minister für Wirtschaft, Innovation, Digitalisierung
und Energie des Landes Nordrhein-Westfalen

Erfolgreich durch die Krise

Im Frühjahr 2020 stürzt die Corona-Pandemie Staaten auf der ganzen Welt mit atemberaubender Geschwindigkeit in eine Krise. Während zunächst die gesundheitlichen Risiken im Fokus stehen, wird schnell klar, dass die nötigen Maßnahmen zur Eindämmung des Coronavirus trotz aller Gegenmaßnahmen der Politik eine globale Wirtschaftskrise nach sich ziehen werden.

Dies ist nicht das erste Mal, dass die Weltwirtschaft vor einer großen Herausforderung steht. Schon immer gehörten Krisen zu deren zyklischem Verlauf. Doch je vernetzter, globaler und schneller die Wirtschaft ist, desto rasanter scheinen sich auch die damit einhergehenden Krisen zu entfalten. Bereits die Finanzkrise 2007/2008 zeigte, wie ein zunächst lokales Problem innerhalb nur eines Jahres nahezu alle Volkswirtschaften betreffen kann. Die Coronakrise setzt hier nochmals neue Maßstäbe. Nach dem ersten Auftreten des Virus Ende Dezember 2019 zeigte sich eine weltweite Ausbreitung innerhalb nur weniger Wochen. Die sich abzeichnenden wirtschaftlichen Folgen zwangen beispielsweise die USA Anfang April 2020, ein wirtschaftliches Hilfsprogramm zu initiieren, das die Kosten für die Finanzkrise zu diesem Zeitpunkt bereits um das Doppelte überstieg [1].

Die Corona-Pandemie stellt viele Unternehmen vor eine der größten Herausforderungen der letzten Jahrzehnte. Das Zukunftsinstitut bezeichnet die aktuelle Situation als „Clusterfuck", eine chaotische Situation, in der alles schief zu gehen droht [2]. Angela Merkel spricht gar von der größten Krise seit dem 2. Weltkrieg [3]. Unternehmen sind in solchen unübersichtlichen Krisensituationen zunächst damit beschäftigt, sofort zu reagieren. Ebenso entscheidend ist es jedoch, die kurz- und langfristige Strategie anzupassen. Denn Untersuchungen zeigen, dass die größten Marktanteilsgewinne und -verluste nicht in Wachstumsphasen entstehen, sondern in Phasen des konjunkturellen Abschwungs [4]. Und so birgt die

Corona-Pandemie, ebenso wie Krisen in der Vergangenheit, neben den enormen Risiken und Problemen auch große Chancen für Unternehmen. Es gilt eben nicht nur, erfolgreich durch die Krise zu kommen. Unternehmen können auch durch die Krise erfolgreicher werden.

Wie dieser doppelte „Erfolg durch die Krise" gelingen kann, beschreiben wir anlässlich der Coronakrise in diesem Buch. Basierend auf den Erkenntnissen vergangener Krisen, aktuellen Studien zur Coronakrise und unseren eigens entwickelten Instrumenten und Methoden bietet dieses Werk einen strategischen Leitfaden für Krisenzeiten und darüber hinaus.

Dabei wünschen wir Ihnen von ganzem Herzen viel Erfolg!

Florian Lanzer
Lucas Sauberschwarz
Lysander Weiß

Inhaltsverzeichnis

Über die Autoren

Florian Lanzer ist Partner der Strategieberatung Venture Idea und Co-Direktor des Center for Corporate Innovation am SGMI Management Institut St. Gallen.
Venture Idea GmbH
Kurze Str. 6
40213 Düsseldorf
E-Mail: florian.lanzer@venture-idea.com

Lucas Sauberschwarz ist Geschäftsführer der Strategieberatung Venture Idea und Direktor des Center for Corporate Innovation sowie Co-Direktor des Center for New Work am SGMI Management Institut St. Gallen.
Venture Idea GmbH
Kurze Str. 6
40213 Düsseldorf
E-Mail: lucas.sauberschwarz@venture-idea.com

Lysander Weiß ist Partner der Strategieberatung Venture Idea, Doktorand an der HHL Leipzig Graduate School of Management und Dozent zu den Themen Strategie, Innovation und New Work.
Venture Idea GmbH
Kurze Str. 6
40213 Düsseldorf
E-Mail: lysander.weiss@venture-idea.com

Florian Lanzer, Lucas Sauberschwarz und Lysander Weiß sind mehrfache Bestseller-Autoren und führende Experten für Strategie, Innovation und New Work. Gemeinsam führen sie die Strategieberatung Venture Idea, die von der WirtschaftsWoche als Deutschlands beste mittelständische Beratung für Innovation & Wachstum (2018) sowie für Strategie (2019) ausgezeichnet wurde. Zuletzt wurden sie in die Liste der „Besten Unternehmensberater in Deutschland 2020" vom BrandEins Magazin aufgenommen. Sie teilen ihre Expertise regelmäßig in Veröffentlichungen, der Lehre und als Keynote Speaker.

Grundlagen zum Umgang mit Krisensituationen

1

„A crisis is a terrible thing to waste [5]."
Paul Romer, Economist, Stanford, November 2004

Dieses Zitat des Stanford-Ökomen Paul Romer zeigt bereits die zwei Seiten einer Krise, die für jedes Unternehmen zumindest nach der ersten Situationskontrolle relevant werden: Erstens den Fakt, dass es eine Veränderung gibt, auf die reagiert werden muss. Zweitens die Hoffnung, dass diese Krise auch Chancen birgt. Je nach Art der Krise sind die darin liegenden Chancen und Risiken für Unternehmen unterschiedlich verteilt. Eine Krise, welche über eine normale zyklische Veränderung hinausgeht, hat das Potenzial, die Zukunft richtungsweisend zu verändern. Der Zukunftsforscher Matthias Horx bezeichnet solche historischen Momente als Tiefenkrise oder „Bifurkation" [6].

Diese tief greifenden Veränderungen konnten beispielsweise nach den Terrorattacken vom 11. September 2001, oder in der Finanzkrise 2007/2008 beobachtet werden. Solche Ereignisse sind Auslöser für Rezessionen und dadurch bedingte neue wirtschaftliche Maßnahmen, jedoch auch für politische und gesellschaftliche Veränderungen, die noch lange nachwirken.

Selbstredend sind die Veränderungen in einer Krise nicht für alle Unternehmen und Branchen gleich. Für alle gilt jedoch gleichermaßen, dass es diese großen, schnellen Veränderungen in Krisenzeiten gibt. Frei nach den oben zitierten Worten von Paul Romer müssen diese im ersten Schritt bewältigt, und im zweiten Schritt genutzt werden, um das Unternehmen für die (neue) Zukunft aufzustellen.

© Der/die Herausgeber bzw. der/die Autor(en), exklusiv lizenziert durch
Springer Fachmedien Wiesbaden GmbH, ein Teil von Springer Nature 2020
F. Lanzer et al., *Erfolgreich durch die Krise,* essentials,
https://doi.org/10.1007/978-3-658-30543-7_1

1.1   Klassische Verläufe der Krisenentwicklung

Da es im zyklischen Verlauf der Weltwirtschaft immer wieder zu Krisen kommt, gibt es mittlerweile viele Daten über deren Entwicklungen und spezifische Besonderheiten. So zeigt sich beispielsweise, dass der Weg zum Wachstum während und nach einer krisenbedingten Rezession insbesondere davon abhängt, inwiefern die wirtschaftliche Struktur durch die Krise geschwächt oder verändert wird. Dafür sind Faktoren wie Nachfrageveränderungen, Dauer der Krise und finanzielle Mittel während und nach der Krise entscheidend, wie die folgenden sog. V-U-L-Szenarien anhand der Finanzkrise 2008 zeigen (Abb. 1.1) [7].

- *V-förmig:* Im Jahr 2008 rutschte Kanada im Zuge der weltweiten Finanz-krise wie die meisten Länder in eine Rezession. Das eigene Finanzsystem war jedoch nicht gestört, und Kredite konnten weiter fließen, sodass eine Banken-krise vermieden werden konnte. Durch die Verhinderung eines größeren Zusammenbruchs konnten Arbeitskräfte gehalten und der nachhaltige Ver-lust von Kompetenzen verhindert werden. Entsprechend war das Brutto-inlandsprodukt (BIP)-Wachstum zwar gemäß der Rezession rückläufig, stieg anschließend aber wieder auf das Niveau vor der Krise und konnte auch den Produktionsverlust größtenteils wieder aufholen. Dies ist typisch für einen klassischen „V-förmigen"-Verlauf.
- *U-förmig:* Die Wirtschaft der Vereinigten Staaten zeigte in der Finanzkrise einen deutlich anderen Verlauf. Im Ursprungsland der Finanzkrise geriet die Kreditvermittlung ins Stocken. In der Folge zog sich die Rezession länger hin und beschädigte Arbeitsangebot und Produktivität stärker. Das Wachstum sank in der Rezession rapide. Die Wachstumsrate erholte sich zwar anschließend, holte jedoch die ausgebliebene Produktion nicht mehr auf, sodass eine Kluft zwischen dem alten und neuen Wachstumsniveau blieb. Die Kurve der USA im Jahr 2008 folgt damit einer klassischen „U-Form" – einer viel kost-spieligeren Variante im Vergleich zur V-Form Kanadas.
- *L-förmig:* Griechenland ist das dritte Beispiel und zeigt bei weitem den ungünstigsten Verlauf der drei Beispiele für die Finanzkrise. Durch aus-bleibende Kredite für das Land wurde die Wirtschaftsstruktur nachhaltig geschädigt. In der Folge wurde nicht nur das frühere Produktionsniveau nie wieder erreicht, auch die Wachstumsrate sank nachhaltig. Der Abstand zwischen dem alten und dem neuen Wachstumsniveau wurde stetig größer und Produktionsverluste nahmen kontinuierlich zu. Kapital- und Arbeitsein-satz sowie Produktivität wurden somit wiederholt beschädigt. Griechenland kann folglich als ein Beispiel für die „L-Form" angesehen werden, in der das Wachstum bedingt durch die Krise für lange Zeit abflacht.

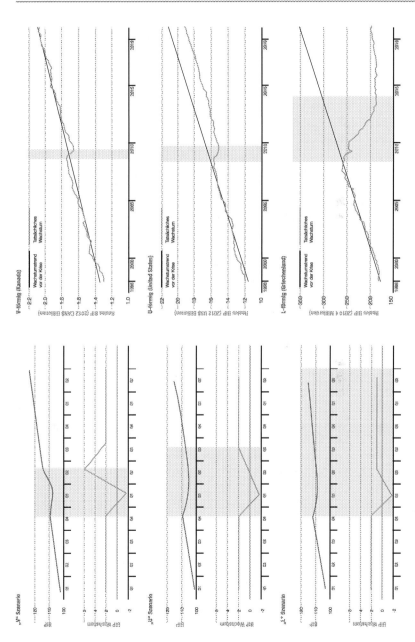

Abb. 1.1 V-U-L Krisenverläufe

In der Coronakrise hat die Weltwirtschaft insbesondere mit der bremsenden Wirkung von Einschränkungen der wirtschaftlichen Aktivitäten zu kämpfen, die zur Bekämpfung des Virus notwendig geworden sind. Auch wenn vergangene Epidemien stets dem V-Szenario gefolgt sind, können U- und L-Szenarien aktuell noch nicht ausgeschlossen werden, wie auch der Sachverständigenrat der Bundesregierung am 30. März 2020 bestätigt. Wie stark der Abschwung in den Jahren 2020 und 2021 ausfallen wird, hängt nach Einschätzung der Experten insbesondere davon ab, wie lange und in welchem Ausmaß die einschränkenden, gesundheitspolitischen Maßnahmen beibehalten werden, und wie schnell es im Anschluss zu einer Erholung kommt. Im optimistischsten Fall wird ein „V-Szenario" erwartet, in dem sich die Wirtschaft nach einem negativen Wachstum des BIP von minus 2,7 % bereits in 2021 erholt und hier überproportional um 3,7 % wächst. Bei länger andauernden Einschränkungen muss mit einem „U-Szenario" gerechnet werden, in dem die Rezession stärker (minus 5,4 %) und die Erholung schwächer (4,9 %) ausfällt. Im ungünstigsten Fall ist ein „L-Szenario" denkbar, bei dem die Wirtschaftsstruktur nachhaltig Schaden nimmt. Dann würde ein Verlust von zunächst 4,5 % entstehen, der in den Folgejahren aufgrund geringerer Wachstumsraten nicht mehr aufgeholt werden kann [8].

1.2　Operative Sofortmaßnahmen zum Krisenmanagement

Unabhängig vom spezifischen Krisenverlauf gilt es für Unternehmen, schnellstmöglich die richtigen Sofortmaßnahmen zum Krisenmanagement zu treffen. Bestenfalls sollte ein entsprechender „Business Continuity Plan" bereits im Vorfeld entwickelt werden, so dass dieser unmittelbar nach Bekanntwerden der Krisensituation mithilfe eines interdisziplinären Krisenstabs umgesetzt werden kann.

„Um diese Situation [der Coronapandemie] zu managen, befinden wir uns bei Vodafone bereits seit gut zwei Wochen im Krisenmodus. Unsere Krisen- und Pandemiepläne sind aktiviert. Eine eigene Task-Force tagt zweimal täglich und beobachtet die Situation bei uns sowie im Land sehr genau. Wie schützen wir unsere Mitarbeiter? Was passiert in unserem Netz? Was tun wir in Shops, Hotlines und beim Hausbesuch unserer Techniker? Wie beantworten wir Kundenfragen? Und wie unterstützen wir Unternehmen? Die Task-Force steht in ständigem Kontakt zu Behörden und Ministerien und ist mit dem nötigen Durchgriff ausgestattet, um notwendige Maßnahmen schnell und unkonventionell umzusetzen [9]."

Hannes Ametsreiter, CEO Vodafone Deutschland, März 2020

Da sich das vorliegende Buch auf die *Strategieentwicklung* in Krisenzeiten fokussiert, werden die Sofortmaßnahmen zum Krisenmanagement an dieser Stelle nur kurz zusammengefasst (Abb. 1.2).

1. Mitarbeiter: Vorausschauendes Mitarbeitermanagement

Im Personalmanagement sind situationsgerechte Lösungen gefragt: Homeoffice-Regelungen, Arbeitszeitkonten, Flexibilisierung von Arbeitszeit und gegebenenfalls Kurzarbeit.

- Regulierungen & Richtlinien
- Kommunikation & Führung
- Räumliche Trennung & virtuelle Teams
- Gesundheitsbildung

2. Lieferketten: Stabilisieren und Alternativen aufbauen

Lieferketten sind zu überprüfen und gegebenenfalls alternative Lieferanten zu finden, die nicht aus Krisenregionen stammen.

- Lieferantencheck
- Inventurmanagement
- Logistik

3. Produktion: Kapazitäten anpassen

Können Kapazitäten heruntergefahren werden und wenn ja welche? Ist es möglich, in der Produktion Schichten zu reduzieren?

- Produktionscheck
- Nachfragemanagement
- Gegebenenfalls Produktionsumstellung auf nachgefragte Güter

4. Kunden: Aktives Kundenmanagement

Idealerweise suchen Betriebe und Kunden in Krisenzeiten gemeinsam nach gangbaren Lösungen, etwa rund um Auftragsgrößen, Liefertermine und Konditionen.

- B2B/Partnerkommunikation und -Information
- Kundenschutz
- Kundenkommunikation und -Information

5. Finanzen: Geld zusammenhalten

Unternehmen sollten ihre finanzielle Situation umfassend und aufrichtig analysieren. Idealerweise werden alle nicht notwendigen Ausgaben und Investitionen zunächst eingestellt. Mit Lieferanten sollten zudem längere Zahlungsziele verhandelt werden. Um den Unternehmensfortbestand zu sichern, müssen gegebenenfalls Sofortkredite organisiert und die Liquiditätshilfen des Bundes in Anspruch genommen werden. Es kann zudem sinnvoll sein, mit der Hausbank über Factoring-Lösungen nachzudenken.

- Szenariorechnungen
- Stresstests, inbesondere Liquidität in Szenarien
- Prüfung Kredite und staatliche Hilfen

Abb. 1.2 Sofortmaßnahmen zum Krisenmanagement

1.3   Grundlegende Ansätze für Krisenstrategien

Sobald die Handlungsfähigkeit des Unternehmens durch operative Sofortmaßnahmen sichergestellt ist, stellt sich die Frage, wie es in der neuen Situation kurz- und langfristig weitergeht.

> „Wir beobachten viel Kreativität und Unternehmergeist bei den betroffenen Unternehmen, erleben aber auch verzweifelte und weinende Menschen in unseren Hotlines. Wir versuchen, unsere Mitgliedsunternehmen situativ bestmöglich zu beraten. Dabei brauchen Unternehmen jetzt „Erste Hilfe", aber dann auch „Reha"-Maßnahmen für die Zeit nach dem Höhepunkt der Krise".
> **Marion Hörsken, Geschäftsführerin IHK Düsseldorf, März 2020**

Der richtige kurz- und langfristige Umgang mit den situativen Veränderungen entscheidet dabei nicht nur über kurzfristiges Überleben, sondern auch über den langfristigen Erfolg, wie Beispiele aus der aktuellen und vergangenen Krise zeigen. So zeigt eine Studie vom BCG Henderson Institut mit 50.000 etablierten U.S.-Unternehmen über vier Rezessionszyklen, dass immerhin 14 % aller Unternehmen in Krisenzeiten ein höheres Umsatz- *und* Gewinnwachstum verzeichnen konnten. Gleichzeitig konnten Marktanteilsverluste aus Krisen auch in längeren Wachstumsphasen nicht mehr aufgeholt werden, was zu nachhaltigen Differenzen in den Entwicklungen der Unternehmen führte. (Abb. 1.3) [10].

Ein ähnliches Bild zeigt auch eine langfristige Analyse von GfK/Serviceplan, bei der 959 Herstellermarken in Deutschland über einen Zeitraum von neun Jahren hinweg untersucht wurden. Diese kommt zu dem Schluss, dass die größten Marktanteilsgewinne, aber auch die größten Marktanteilsverluste nicht in Wachstumsphasen, sondern in Phasen des konjunkturellen Abschwungs entstehen, die in der Regel nur zehn bis zwölf Monate andauern [4]. Dies kann beispielsweise anhand der „Wettbewerbsvolatilität" gemessen werden, welche in den USA durch die Veränderung in Bezug auf Zusammensetzung und Ranking der Fortune 100 bestimmt wird und in Rezessionen um 30 % größere Veränderungen signalisiert [11].

Trotz dieser hohen Bedeutung von Krisenzeiten für den kurz- und langfristigen Erfolg zeigen Untersuchungen, dass die Reaktionen von Unternehmen auf Rezessionen oft defensiv, verzögert und somit unzureichend sind. Laut einer BCG-Umfrage haben die meisten der 439 befragten, globalen Unternehmen während des Abschwungs von 2007 bis 2009 kurzfristigen Maßnahmen Vorrang vor längerfristigen Initiativen eingeräumt. Sie tendierten auch dazu, eher reaktiv als proaktiv zu handeln. So warteten viele Unternehmen ab, bis sie direkt vom Abschwung betroffen waren, bevor mildernde Maßnahmen ergriffen wurden, und zögerten, mutige Schritte zu unternehmen [10].

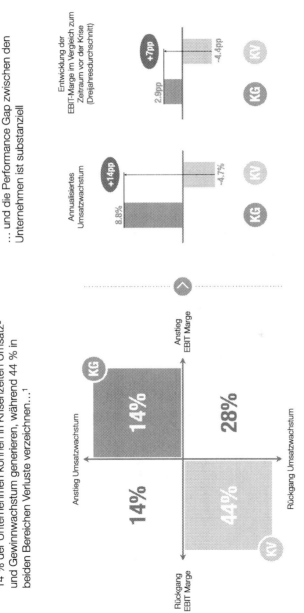

Abb. 1.3 In Krisen wird über den Erfolg entschieden

Ein solch vermeintlich sicherer „Wait-and-See"-Ansatz kann jedoch in Krisenzeiten den größten Schaden anrichten. Denn es sind Unternehmen, die in Krisenzeiten schnell und vorausschauend handeln, welche während und auch nach der Krise florieren, wie zahlreiche Analysen vergangener Rezessionen zeigen. So zum Beispiel eine breit angelegte Studie der Harvard Business School. Hier wurden Unternehmensentwicklungen vor, während und nach drei Rezessionen (1980–1982, 1990–1991, 2000–2002) anhand der Finanzdaten von 4700 US-Unternehmen untersucht und auf strategische Veränderungen und ihre Effekte hin analysiert. Die größten Gewinner sind demnach die sogenannten „progressiven Unternehmen." Diese setzen defensive Abwehrstrategien nur sehr selektiv ein. Sie senken ihre Kosten vor allem durch die Verbesserung der betrieblichen Effizienz, und nicht durch die Verringerung der Anzahl der Mitarbeiter. Zudem setzen sie in der Regel auf umfassende offensive Strategien. So entwickeln sie beispielsweise neue Geschäftsmöglichkeiten, indem sie im Vergleich zur Konkurrenz deutlich höhere Investitionen in Forschung und Entwicklung, Marketing und Vertrieb sowie in Infrastruktur wie Anlagen und Maschinen tätigen. Das Ergebnis: Umsatz- und Ertragswachstum nach der Rezession ist für diese Unternehmen doppelt so hoch wie der generelle Durchschnitt aller Unternehmen [12].

> „In einer Krise übereilt zu reagieren, wird nicht funktionieren. Um die Erfolgschancen zu erhöhen, ist es effektiver, für die nächsten Jahre eine Reihe von offensiven Maßnahmen zu planen, die ein stärkeres Unternehmen durch und aus der Krise führen [13]."
> **Jeff Katzin, Partner Bain & Company, October 2019**

Eine Untersuchung des Beratungshauses Bain zu Unternehmensstrategien in der Finanzkrise 2007/2008 kommt zum gleichen Ergebnis. Hier wurden über 5000 Unternehmen im Zeitraum von 2007 bis 2017 untersucht. Auch hier setzten die erfolgreichsten unter ihnen auf die Kombination aus smarten Defensiv- und Offensivmaßnahmen. Sie reduzierten beispielsweise komplexe Prozesse mit geringem Mehrwert und optimierten ihr Finanzmanagement, um Kosten einzusparen. Gleichzeitig investierten sie signifikant in Forschung & Entwicklung und Vertrieb, hielten ihre Marketingausgaben im Gegensatz zur Konkurrenz konstant hoch und verbesserten das Kundenerlebnis durch Investitionen in digitale Technologien. Auf diese Weise konnten sie nicht nur während der Rezession ihren EBIT nominal um 17 % steigern, während andere Mittbewerber stagnierten, sondern verzeichneten auch nach der Krise bis 2017 ein durchschnittliches Wachstum von 13 % [13].

Reflexion statt Reflex ist in Krisenzeiten entsprechend maßgeblich. So gilt es für Unternehmen, neben der kurzfristigen Einleitung von Sofortmaßnahmen auch möglichst schnell an einer aktiven mittel- bis langfristigen Strategie für die Zeit während und nach der Krise zu arbeiten. Kurzfristiger Aktionismus oder gar „Schockstarre" und ein darauf folgender „Wait-and-See"-Ansatz sind dagegen unbedingt zu vermeiden – auch wenn dies biologisch-medizinisch gesehen die natürliche Reaktion von Menschen auf die erhöhte Stressbelastung in einer Krise ist (Abb. 1.4) [14].

Beispiele aus vergangenen Krisen zeigen, wie sich ein reflektiertes Vorgehen in der Praxis gestalten lässt. So war beispielsweise American Express in der Finanzkrise 2008 durch steigende Ausfallraten und eine sinkende Verbrauchernachfrage bedroht. Mithilfe ausgewählter, defensiver Maßnahmen wie punktuellen Kostensenkungen und der Veräußerung von Geschäftsfeldern außerhalb des Kerngeschäfts blieb das Unternehmen zunächst überlebensfähig, ohne dabei Kernkompetenzen zu verlieren. Anschließend konzentrierte sich American Express auf neue Partnerschaften und investierte gezielt in neue digitale Technologien und Fähigkeiten. Der Aktienkurs stieg daraufhin bis 2018 um mehr als 1000 % [10].

Ähnliches lässt sich auch beim Unternehmen Target im Kontext der 2000er Rezession beobachten. Die US-Warenhauskette erhöhte in der Krise ihre Ausgaben für Marketing und Verkauf um 20 %, ihre Investitionsausgaben sogar um 50 % gegenüber dem Stand vor der Rezession. Das Unternehmen vergrößerte gleichzeitig die Anzahl der eigenen Filialen und Flagship-Stores, expandierte in mehrere neue Warensegmente, erhöhte die Investitionen in Kreditkartenprogramme und baute das Internetgeschäft aus. Zudem setzte Target auf innovative neue Partnerschaften, beispielsweise mit Amazon für das Onlinegeschäft und bekannten Designern für Produktinnovationen. Gleichzeitig wurden Kosten gesenkt und die Produktivität verbessert, um die Effizienz der Lieferkette zu steigern. So gründete das Unternehmen beispielsweise eine neue B2B-Plattform, und fasste einzelne Marken zusammen. In der Folge konnte Target im Laufe der Rezession den Umsatz um 40 % und den Gewinn sogar um 50 % steigern [12].

Auch in der Coronakrise zeigte sich frühzeitig der Erfolg von reflektierten, proaktiven Maßnahmen. So reagierte zum Beispiel die chinesische Beautykette Lin Quingxuan in China auf die Herausforderungen der Krise, indem mehr als 100 Berater/innen aus geschlossenen Filialen als Influencer auf der Social-Media Plattform WeChat eingesetzt wurden. Dadurch konnte das Unternehmen nicht nur kurzfristig überleben, sondern sogar den Umsatz in der betroffenen Region Wuhan um 200 % im Vergleich zum Vorjahr steigern [15].

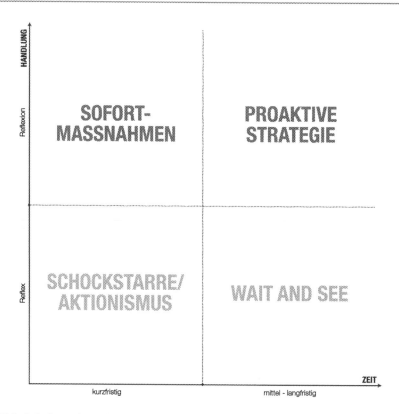

Abb. 1.4   Strategiematrix für Krisenzeiten

1.4   Wesentliche Veränderungsprozesse in der Krisenbewältigung

Für eine aktive Gestaltung des Wandels ist es wichtig, dessen Verlauf zu kennen. Hier lässt sich grundsätzlich auf die Kübler-Ross Kurve zurückgreifen, welche ursprünglich 1961 entwickelt wurde, um emotionale Reaktionen von Menschen auf Krisen und Verluste aufzuzeigen. Bis heute hat sich diese auch zur modellhaften Beschreibung allgemeiner Veränderungsprozesse bei Menschen und Organisationen bewährt (Abb. 1.5). In diesem Modell folgt auf den ersten Schock zunächst der Versuch zur Verdrängung der veränderten Tatsachen. Werden diese schließlich doch anerkannt, führt dies zunächst zu Frustration, dann zu Depression. Erst im Anschluss daran folgt die vorsichtige Auseinandersetzung

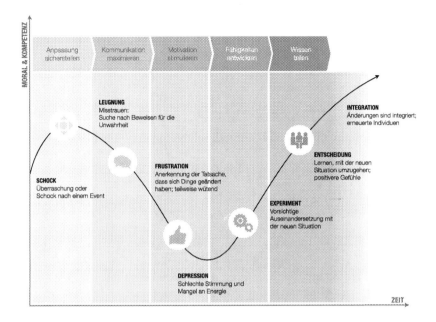

Abb. 1.5 Change-Kurve

mit der neuen Situation. So wird der Weg freigemacht, um neue Entscheidungen zu fällen, die schlussendlich ins Handeln integriert werden [16].

Eine globale, psychologische Marktforschungsstudie anlässlich der Coronakrise 2020 in den Ländern China, Italien, Deutschland und USA bestätigt erneut die Validität dieser Change-Kurve für Krisenzeiten. Laut der Studie folgt der Umgang mit der aktuellen Pandemie weltweit dem gleichen Muster im Rahmen von fünf identifizierten Phasen der Inkubation, Panik, Isolation, Neubesinnung und Normalisierung. In diesem Modell stehen ganze Länder abhängig vom Erstauftreten der Infektion an unterschiedlichen Stellen dieses Veränderungsprozesses [17].

Gelingt es Unternehmen und Volkswirtschaften, den Veränderungsprozess erfolgreich zu durchschreiten, kann die Krise überwunden und Energie für neues Wachstum freigesetzt werden. So zeigt sich erneut die Überlegenheit eines reflektierten, proaktiven Vorgehens. Schließlich kann der Veränderungsprozess auf diese Weise durch geeignete Maßnahmen zur Kommunikation, Motivation, und Weiterentwicklung positiv gestaltet und beschleunigt werden.

In der Coronakrise war bei einigen Unternehmen bereits frühzeitig ein solch reflektiertes, proaktives Vorgehen zu beobachten. So zum Beispiel bei *Master Kong*, einem führenden Hersteller von Instantnudeln und Getränken in China. Dieser sah Hamsterkäufe und Ausgangssperren rechtzeitig voraus und verlagerte den Schwerpunkt von großen Offline-Warenhäusern auf direkte E-Commerce Kanäle und kleinere Geschäfte, die trotz Krise vermehrt geöffnet blieben. Im Verlauf der Krise wurden Pläne zur Wiedereröffnung von Einzelhandelsgeschäften und Warenhäusern kontinuierlich verfolgt, um die Lieferkette äußerst flexibel anzupassen. Dadurch konnten 60 % der Geschäfte, die in diesem Zeitraum wiedereröffnet wurden, beliefert werden – dreimal so viele wie bei einigen Wettbewerbern [15].

Erklären lassen sich solche Positivbeispiele auch mit Blick auf die Veränderungen der in der Krise agierenden Menschen. Wenn es gelingt, den mit einer Krise verbundenen Veränderungsprozess erfolgreich zu durchschreiten, wird bei Menschen aus neurobiologischer Sicht Adrenalin durch Dopamin ersetzt. Während Adrenalin zu Flucht oder Kampf anleitet, öffnet Dopamin die Hirnsynapsen und macht gespannt auf das Kommende. Ein gesunder Dopamin-Spiegel führt zu neuen Plänen und Visionen sowie einer vorausschauenden Handlung. Viele Menschen und Unternehmen machen in Zeiten wie der Coronakrise genau diese Erfahrung: „Aus einem massiven Kontrollverlust wird plötzlich ein regelrechter Rausch des Positiven. Nach einer Zeit der Fassungslosigkeit und Angst entsteht eine innere Kraft. Die Welt »endet«, aber in der Erfahrung, dass wir immer noch da sind, entsteht eine Art Neu-Sein im Inneren", erklärt dazu der Zukunftsforscher Matthias Horx [6].

Strategieentwicklung in Krisenzeiten

2

„Von Managern wird jetzt Klarheit erwartet in einer Situation, die nicht selbst beherrschbar ist und deren Auswirkungen man auch noch nicht abschätzen kann. Das erfordert wahres Leadership. Also nicht nur das risikoaverse Management des Status Quo. Führungskräfte müssen vielmehr in dieser Situation hoher Ungewissheit Verantwortung übernehmen und Risiken eingehen. Leadership steht dabei auch für die Übernahme gesellschaftlicher Verantwortung."
Dirk von Manikowsky, Partner Hering Schuppener, März 2020

In jeder Krise werden Unternehmen von einem Moment auf den anderen vor kurzfristige, überlebenskritische Entscheidungen gestellt. Gleichzeitig muss die mittel- und langfristige Strategie in Rekordzeit an die neuen Gegebenheiten angepasst werden, um nicht nur erfolgreich durch, sondern auch gestärkt aus der Krise zu kommen.

Im vorigen Kapitel wurde bereits dargelegt, warum eine proaktive Strategie mit passenden defensiven und vor allem auch offensiven Maßnahmen in Krisenzeiten entscheidend ist. Es mag auf den ersten Blick kontraproduktiv erscheinen, in einer hochdynamischen Krisensituation strategisch zu planen statt „erst einmal zu machen". Doch auch hier zeigt ein Blick auf die Krisen der Vergangenheit, dass ein reflektiertes Vorgehen einem reflexartigen Aktionismus klar vorzuziehen ist. So wurden beispielsweise in einer Studie der „Association for Strategic Planning" die strategischen Planungsaktivitäten von knapp 200 US-Unternehmen während der Finanzkrise untersucht. Am erfolgreichsten waren laut der Studie diejenigen Unternehmen, die besonders ausgeprägte und effektive strategische Planungsaktivitäten vorweisen konnten. Diese Unternehmen waren nicht nur in finanzieller Hinsicht erfolgreicher. Sie konnten auch eine deutlich stärkere Proaktivität vorweisen, hatten das Gefühl, gut auf den Wandel vorbereitet zu sein und zeigten einen stärkeren kurzfristigen Optimismus (Abb. 2.1). Bemerkenswert ist

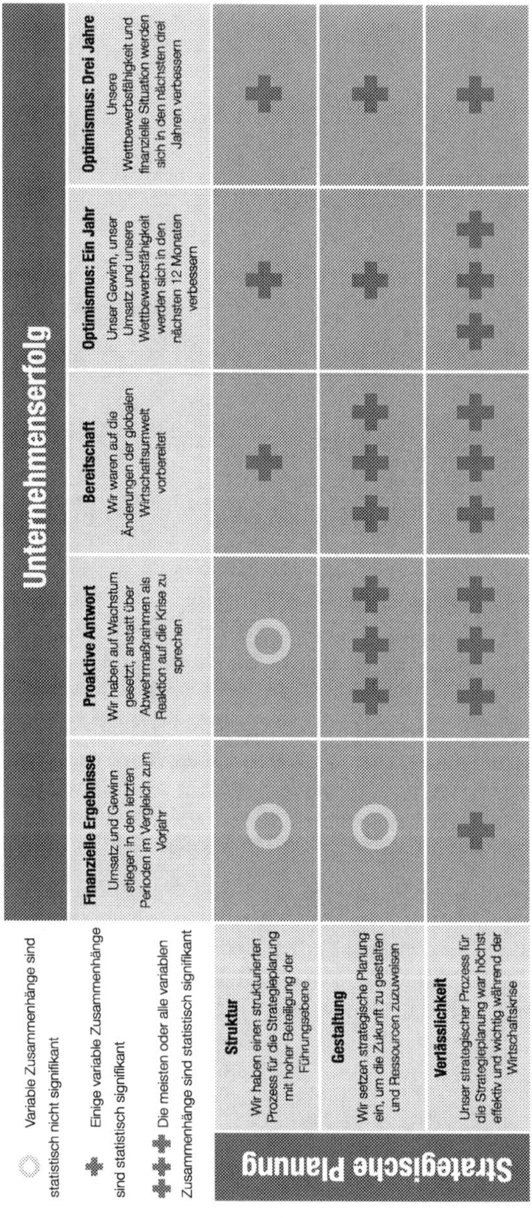

Abb. 2.1 Bedeutung strategischer Planung in Krisenzeiten

Abb. 2.2 Prozess zur Strategieentwicklung in Krisenzeiten (Übersicht)

auch, dass Unternehmen in der Studie angaben, in zukünftigen Krisen auf Basis ihrer Erfahrungen die strategische Planung und Strategieentwicklung noch weiter zu verstärken. Konkret bedeutet dies zum Beispiel die Durchführung von Trend- und Marktanalysen für fundierte Entscheidungen, intensive Einbindung der Entscheidungsträger, sowie Etablierung regelmäßiger Strategieentwicklung und -anpassung [18].

Erkenntnisse aus vergangenen Krisen und den dort verwendeten Erfolgsstrategien von Unternehmen bilden bereits ein gutes Grundgerüst für die Strategieentwicklung in der aktuellen und in zukünftigen Krisen. Da jede Krise jedoch spezifische Besonderheiten mit sich bringt, sind in den nachfolgend beschriebenen Prozess zur Strategieentwicklung in Krisenzeiten auch erste Erkenntnisse aus Sekundärforschung zur aktuellen Coronakrise, sowie aus einer eigenen Ad-hoc-Studie der Autoren vom März 2020 eingeflossen, zu der Unternehmensvertreter aus über 15 unterschiedlichen Branchen sowie Experten aus Wirtschaft, Politik und Wissenschaft befragt wurden. Der hier dargestellte, 7-stufige Prozess basiert auf der erfolgreichen 5C®-Methodik der Autoren, welche bereits zur strategischen Erneuerung etablierter Unternehmen in mehr als 20 Branchen angewendet, und in diversen Publikationen referenziert wurde [19]. (Abb. 2.2):

1. *Neue Entscheidungsbasis schaffen:* Kurzfristige und langfristige strategische Ziele und Kriterien anpassen und als Entscheidungsgrundlage nutzen.
2. *Aktuelle Aktivitäten überprüfen:* Aktuelle Projekte und Maßnahmen anhand der angepassten Ziele und Kriterien überprüfen und je nach Ergebnis anpassen, verstärken, abschwächen oder streichen, sowie Handlungslücken identifizieren.
3. *Veränderte Umwelt erfassen und bewerten:* Aktuelle und zukünftige gesellschaftliche, wirtschaftliche, politische oder technologische Trends und Einflussfaktoren erfassen und für das eigene Unternehmen als Chance oder Risiko bewerten.

4. *Bestehendes Geschäftsmodell überprüfen:* Das bestehende Geschäftsmodell im Kontext der veränderten Rahmenbedingungen durch die Krise bewerten, um ein neues Stärken- und Schwächenprofil des Unternehmens abzuleiten.

5. *Strategische Planung erneuern:* Kurz- und langfristige strategische Handlungsfelder auf Basis der relevantesten Chancen und Risiken in Bezug auf die externe Umwelt, sowie dominanter Stärken und Schwächen des bestehenden Geschäftsmodells ableiten, und in Bezug auf die in Schritt eins definierten Ziele und Kriterien bewerten und auswählen.

6. *Strategische Roadmap aufstellen:* Handlungsoptionen innerhalb der ausgewählten strategischen Handlungsfelder definieren und in Bezug auf die Ziele und Kriterien bewerten, um auf dieser Basis eine strategische Roadmap durch die Krise und darüber hinaus abzuleiten.

7. *Kontinuierliche Anpassung etablieren:* Einen dynamischen Strategieprozesses zur kontinuierlichen Überprüfung und Anpassung der strategischen Roadmap im Zuge weiterer Veränderungen etablieren.

Kernergebnis des hier skizzierten Prozesses ist eine strategische Roadmap mit kurz-, mittel- und langfristigen Projekten und Maßnahmen für die Zeit während und nach der Krise, um die vom Unternehmen gewählten Ziele bestmöglich zu erreichen. Auf diese Weise wird zum einen eine gemeinsame, klare Vision für alle betroffenen internen und externen Stakeholdern in Zeiten von Volatilität und Ungewissheit geschaffen. Zum anderen entsteht eine optimale Basis für die gezielte, geplante und geordnete Umsetzung der Maßnahmen, und somit für kurz- und langfristige Stabilität und Wachstum des Unternehmens. Die durch den Prozess erarbeitete strategische Roadmap gilt es dabei in Form eines dynamischen Strategieprozesses kontinuierlich zu überprüfen und anzupassen.

2.1 Neue Entscheidungsbasis schaffen: Strategische Ziele und Kriterien

„1929 war ein negativer Nachfrageschock durch einen Börsencrash und dann mehrere Wellen von Bankenpleiten. [In der Coronakrise] haben wir einen negativen Angebotsschock – Fabriken werden geschlossen, weil es zu unsicher ist, zur Arbeit zu gehen, die Lieferketten wurden unterbrochen. Hinzu kommt ein negativer Nachfrageschock, da die Menschen ihre Gehaltschecks verlieren und die Verbraucher aus Angst aufhören zu konsumieren. Zentralbanken und Finanzministerien können zwar einen Anreiz zur Unterstützung der Nachfrage bieten. Aber sie können nichts tun, um das Problem auf der Angebotsseite zu lösen [20].“
Prof. Barry Eichengreen, UC Berkeley, März 2020

In unvorhergesehenen Krisensituationen wie der Coronakrise stehen Unternehmen plötzlich vor gänzlich neuen Rahmenbedingungen. Da diese in bisherigen strategischen Planungen nicht berücksichtigt wurden, oder vielmehr nicht berücksichtig werden konnten, entfällt die Validität vieler Ziele und Kriterien, die vor der Krise definiert und beschlossen wurden.

Diese drastischen und plötzlichen Veränderungen bzw. Schocks lassen sich in die Kategorien Nachfrage-, Angebots-, und Finanzschock einteilen. Der Internationale Währungsfonds erklärt diese am Beispiel der Coronakrise wie folgt:

- *Nachfrageschock:* Zur Eindämmung des Virus sind Menschen weltweit gezwungen, zu Hause zu bleiben bzw. ihre Kontakte einzuschränken. Dies führt dazu, dass bestimmte Angebote für einen längeren Zeitraum nicht mehr oder nur noch eingeschränkt wahrgenommen werden können. Dies schadet ganzen Branchen wie zum Beispiel dem Einzelhandel, der Gastronomie oder der Reisebranche. In Erwartung einer möglichen Wirtschaftskrise halten sich die Konsumenten auch insgesamt mit Käufen zurück, sodass selbst Onlinekanäle nur verhältnismäßig schwach profitieren können.
- *Angebotsschock:* Durch Fabrikschließungen in diversen Ländern, angefangen mit China, geraten globale Lieferketten in schwere Turbulenzen. Betriebe müssen sich teilweise über Nacht auf die Suche nach neuen Lieferanten begeben. Frachtschiffe bleiben mangels Fracht in Häfen liegen, während der Frachtraum im Flugverkehr teurer wird, da Bedarfe schnell gedeckt werden müssen.
- *Finanzschock:* Der gleichzeitige Angebots- und Nachfrage-Schock, das Chaos in den Lieferketten, sowie die Erosion von Vertrauen und Zuversicht bei Konsumenten und Produzenten bringt schließlich den Finanzsektor in die Krise. Dieser hat auf der einen Seite Kreditausfälle und Liquiditätsengpässe bei den Unternehmen zu verkraften, während auf der anderen Seite die Nachfrage nach profitablen Anlageprodukten sinkt [21].

In Anbetracht solch gravierender Herausforderungen besteht für Unternehmen die Notwendigkeit, bisherige strategische Ziele und Kriterien zu hinterfragen und gegebenenfalls an die neue Situation anzupassen. In einer akuten Krisensituation ist dabei insbesondere auf eine Unterscheidung zwischen kurz- und langfristigen Zielen zu achten, da diese erwartungsgemäß stark differieren können. In der von den Autoren durchgeführten Ad-hoc-Studie zur Coronakrise dominierten bei den befragten Unternehmen beispielsweise kurzfristig Ziele in Bezug auf die eigene finanzielle Sicherheit, während langfristig Wachstumsziele wieder stärker im Fokus standen.

Um die im Zuge der Krise angepassten Ziele und Kriterien für die konkrete Entscheidungsfindung für bzw. gegen Maßnahmen während und nach der Krise nutzbar zu machen, bietet es sich an, diese in eine individuelle Entscheidungsmatrix zu überführen.

Instrument 1: Entscheidungsmatrix auf Basis strategischer Ziele und Kriterien

Die Basis für effizientes, fokussiertes Handeln in der Krise (und darüber hinaus) bilden eindeutige und messbare strategische Ziele und Kriterien. Auf dieser Grundlage können mögliche Handlungsoptionen zielgerichtet entwickelt, sowie transparent bewertet und ausgewählt werden. Das Vorgehen gliedert sich dabei in drei Schritte:

1. *Definition von Zielen und Kriterien*
   Die Definition messbarer Ziele und Kriterien bildet die Grundlage für die Strategieentwicklung. Im Kontext einer Krise gilt es zunächst, bestehende kurz- und langfristige Ziele und Kriterien zu hinterfragen und entsprechend der veränderten Rahmenbedingungen für das Unternehmen anzupassen, zu streichen oder zu ergänzen. Im ersten Schritt wird dazu eine Longlist aus bestehenden sowie potenziell relevanten, neuen Zielen und Kriterien erstellt (Abb. 2.3).
2. *Ranking und Auswahl von Zielen und Kriterien*
   Selbst in einer Krise liegen die strategischen kurz- und langfristigen Ziele nicht für alle Unternehmen gleichermaßen auf der Hand. Und unterschiedliche Entscheidungsträger haben möglicherweise unterschiedliche Sichtweisen in Bezug auf die externen Veränderungen und die Bedeutung einzelner Ziele und Kriterien. Um diesen Herausforderungen Rechnung zu tragen, gilt es, die zuvor definierte Auswahl an möglichen Zielen und Kriterien aus der Longlist von den relevanten Entscheidungsträgern im Unternehmen individuell bewerten zu lassen (z. B. per Online-Fragebogen). Zur Bewertung der Ziele und Kriterien bietet sich eine Priorisierung in Bezug auf die jeweilige kurz- und langfristige Relevanz (1 = niedrig, 3 = hoch) an (Abb. 2.3). Die Auswertung der individuellen Bewertungsergebnisse dient anschließend als Basis für eine gemeinsame, finale Auswahl. Bestenfalls findet diese im Rahmen eines persönlichen oder virtuellen Workshops der Entscheidungsträger statt. Dieser Prozess dient neben der Fokussierung auf eine sinnvolle Auswahl von Zielen und Kriterien auch dazu, unterschiedliche Einschätzungen von Entscheidungsträgern in ein gemeinsames Zielbild zu überführen.

SAMMLUNG MÖGLICHER STRATEGISCHER ZIELE UND KRITERIEN

ZIELE	kurzfristig Relevanz	kurzfristig Auswahl	mittel-/langfristig Relevanz	mittel-/langfristig Auswahl
Sicherung / Steigerung des Umsatzes	3	✓	3	✓
Liquiditätssicherung	3	✓	1	
Steigerung der Wettbewerbsfähigkeit	2		3	✓
Sicherung / Steigerung des Gewinns	2		2	
Schutz / Verbesserung von Reputation und Image	2		1	
Kostensenkung	2		1	
Sicherung / Verbesserung der Qualität	2		2	
Sicherung / Steigerung Kundenbindung / -loyalität	1		2	
Effizienzsteigerung	2		2	
Schutz / Steigerung der Mitarbeiterzufriedenheit	1		2	
Verbesserung der Unternehmens- / Innovationskultur	1		2	
Verbesserung der Nachhaltigkeit	1		1	
Sicherung Ressourcen / Einkauf	2		1	
...	...	...	...	...

KRITERIEN	kurzfristig Relevanz	kurzfristig Auswahl	mittel-/langfristig Relevanz	mittel-/langfristig Auswahl
Schnelle Umsetzungszeit (Time to market)	3	✓	1	
Geringe Komplexität	2		2	
Geringe Umsetzungskosten	3	✓	3	✓
Geringer Einsatz quantitativer Mitarbeiterressourcen	1		1	
Geringer Einsatz qualitativer Mitarbeiterressourcen	1		1	
Geringes Umsetzungsrisiko	1		2	
Geringe Entwicklungszeit	3	✓	2	
Geringer physischer Kontakt	2		1	
...	...	...	...	...

Abb. 2.3 Strategische Ziele und Kriterien (Beispiel)

3. *Entscheidungsmatrix auf Basis ausgewählter Ziele und Kriterien*
   Um die ausgewählten Ziele und Kriterien für die Bewertung von Handlungsfeldern und Maßnahmen operativ nutzbar zu machen, gilt es, diese im nächsten Schritt in eine Matrixansicht zu überführen. Die sogenannte Entscheidungsmatrix kombiniert die wichtigsten strategischen Ziele (Y-Achse) mit der Umsetzungszeit (X-Achse). Durch die Verortung von möglichen strategischen Handlungsfeldern oder konkreten Maßnahmen innerhalb der Entscheidungsmatrix, lassen sich für diese transparent und schnell jeweils passende Handlungsoptionen ableiten. So sind in Krisenzeiten insbesondere „Quickwins" gefragt, während ausgewählte „Long Term Wins" für Überleben und Wachstum nach der Krise sorgen. Da sich auf der Y-Achse kurz- und langfristige Ziele gleichermaßen wiederfinden, bietet es sich an, bei Handlungsfeldern und Maßnahmen die kurzfristig umgesetzt werden können, eine Bewertung nach den kurzfristigen Zielen vorzunehmen, und im Falle einer längerfristigen Umsetzung in Bezug auf die Erreichung der langfristigen Ziele zu bewerten. Falls bei der Auswahl auch bestimmte Kriterien berücksichtigt werden sollen, kann deren Ausprägung beispielsweise durch die Umrandung einer bestimmten Handlungsoption, oder alternativ durch unterschiedliche Größen verdeutlicht werden (Abb. 2.4).

2.2   Aktuelle Aktivitäten überprüfen: Zielgerichtete Portfolio-Optimierung

„Ein Schlüssel zur Bewältigung der Coronakrise ist die sehr kurzfristige Vergabe von Krediten in Milliardenhöhe. Als staatliche Förderbank bedeutet dies unter enormen Druck in 2 bis 3 Tagen Dinge umzusetzen, die unter normalen Umständen Monate dauern. In derartigen Notsituationen verwandelt sich banktypische Risikoaversion plötzlich in Pragmatismus. Es gilt schnelle Entscheidungen zu treffen, die richtigen Maßnahmen auszuwählen und diese fokussiert anzugehen."
   Michael Strauß, CDO KfW, April 2020

Gemeinsam mit den Zielen verändern sich in Krisenzeiten auch plötzlich die Prioritäten. Was gestern richtig war, kann heute falsch und morgen fatal sein. Umso wichtiger ist es, schnell und objektiv bestehende Aktivitäten und Projekte neu zu bewerten und gegebenenfalls anzupassen, zu verstärken, abzuschwächen, oder zu streichen. So haben Unternehmen zum Beispiel im Zuge der Coronakrise teilweise innerhalb von wenigen Tagen und Wochen ihre Aktivitäten an die Erfordernisse der neuen Situation angepasst: TV-Sender verstärkten

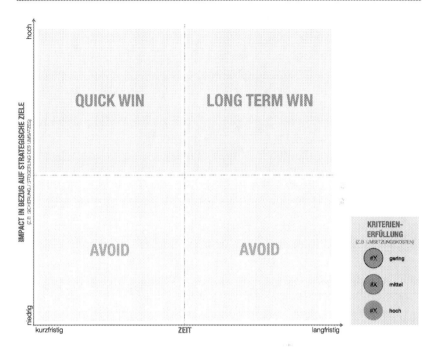

Abb. 2.4 Entscheidungsmatrix

aufgrund von Schulschließungen ihre Wissensprogramme für Kinder, der Pay-TV-Sender Sky erstattete den geschlossenen Restaurants und Bars die Kosten des Abonnements, McDonalds verlieh seine Mitarbeiter an Aldi, der französische Luxuskonzern LVMH stellte Teile seiner Produktion von Parfüm auf Desinfektionsmittel um, und die Lufthansa entschied, mit einigen der stillgelegten Boeing-747-Passagiermaschinen nun reine Frachtflüge für stark nachgefragte Medizin- und Schutzausrüstung durchzuführen.

Wichtig bei all diesen kurzfristigen Entscheidungen ist es, blinden Aktionismus zu vermeiden. Vielmehr sollte zielgerichtet und effizient vorgegangen werden. Dabei müssen neben kurzfristigen Erfordernissen während der Krise ebenso die langfristigen Herausforderungen über die Krise hinaus berücksichtigt werden. Dies impliziert unter Umständen auch, bei der Entscheidungsfindung zwischen kurzfristigem Nutzen und langfristigem Schaden für das Unternehmen abzuwägen.

Dies kann beispielsweise bei der Entlassung von Mitarbeitern in einer akuten Krisensituation zutreffen. Zunächst wirkt eine solche Maßnahme sinnvoll, da auf diese Weise kurzfristig Kosten eingespart und somit die Liquidität des Unternehmens gesichert werden kann. Dies war auch der Leitgedanke von United Airlines und US Airways in der 9/11 Krise. Beide Fluggesellschaften entließen hunderte Piloten und Mitarbeiter. Nachträglich, im Kontext einer sich erholenden Wirtschaft, stellte sich diese Strategie als äußerst problematisch heraus. Der Börsenkurs von United Airlines hatte sich selbst vier Jahre nach der Krise gerade einmal um 12 % erholt, der von US Airways um nur 20 %. Ganz anders das Bild bei Southwest Airlines. Das Unternehmen hielt während der 9/11 Krise an allen Mitarbeitern fest und konnte 2002 bereits weitere Personen einstellen. Vier Jahre nach der Krise hatte sich der Börsenkurs der Fluggesellschaft bereits um 92 % erholt. Auch wenn dies auf den ersten Blick anekdotisch erscheint, wurde mittlerweile wissenschaftlich erwiesen, dass die Erholung der Aktienkurse von US-Fluggesellschaften im Vergleich zu ihrem Vorkrisenniveau signifikant und negativ mit dem Ausmaß der Entlassungen zur Zeit der Krise zusammenhängt. Dies ist durch multiple Faktoren zu erklären, welche die Organisation bei Entlassungen schwächen. Dazu zählen zum Beispiel die Zerstörung der zwischenmenschlichen Beziehungen und Unternehmenskultur, erhöhter Widerstand gegen Veränderungen und Konservatismus, aufkommende Konflikte, sowie erhöhte Selbstsucht und freiwillige Fluktuation mit entsprechender Verschlechterung der Teamarbeit und Zusammenarbeit [22].

Instrument 2: Portfoliobewertung und -steuerung
Die strategischen Ziele und Kriterien wurden bereits auf die aktuelle Situation angepasst und eine Entscheidungsmatrix zur schnellen und transparenten Bewertung geschaffen (siehe Instrument 1). Auf dieser Basis kann nun schnell und fundiert bewertet werden, welche Aktivitäten im Kontext der Krisensituation auf die Unternehmensziele einzahlen und welche nicht. Und folglich auch, inwieweit strategische Projekte fortgeführt, verstärkt, pausiert, gestoppt oder angepasst werden müssen. Auch eventuelle Handlungslücken werden im Zuge dieser Analyse identifiziert. Das konkrete Vorgehen zur Portfoliobewertung- und steuerung gliedert sich in drei Schritte:

1. *Konsolidierung strategischer Projekte und Aktivitäten*
   Im ersten Schritt gilt es, sämtliche kurz-, mittel- und langfristige, strategisch relevante Projekte und Maßnahmen zu sammeln (Abb. 2.5). Darunter fallen sowohl laufende Aktivitäten und Projekte als auch neue Projektideen. Sollten die Projekte bislang noch nicht an geeigneter Stelle im Unternehmen

Nr.	Laufende Projekte	Zielerreichung (5 = hohes Umsatzpotenzial)	Zeithorizont (5 = sehr kurzfristig)	Kriterienerfüllung (5 = geringe Umsetzungskosten)
#1	Ausbau Search Engine Marketing	4	4	3
#2	Optimierung der Kundendatenerfassung	2	3	3
#3	Sortimentsoptimierung	3	4	3
#4	Produktionsautomatisierung	1	1	1
#5	Neue Markterschließung	3	1	1
#6	Kundendatenweiterverarbeitung	1	3	3
#7	Aktives Preismanagement (online)	3	4	4
#8	Produktentwicklung (neue Kategorie X)	3	2	2
#9	Entwicklung neuer Online Services	3	3	3
#10	Mitarbeiter-Koordination (Homeoffice)	2	5	3
#11	Zeiterfassung Homeoffice	1	4	4
#12	Paperfree Office	1	3	3
#13	Vereinheitlichung Online Tools (Service)	1	2	3
#14	Kundenbindung verstärken	3	2	3
#n	...	...	...	...

Abb. 2.5 Liste bestehender Projekte (Beispiel)

dokumentiert sein, ist eine umso engere Zusammenarbeit der involvierten Abteilungen gefragt. Idealerweise sollte sich dabei eine Einheit, wie beispielsweise die Strategieabteilung, das Portfoliomanagement oder Business Development, verantwortlich zeichnen und die Sammlung relevanter Projekte von Abteilungen wie Marketing, Finanzen, Personal oder Vertrieb koordinieren.

2. *Bewertung und Verortung strategischer Projekte*
   Ist eine Übersicht sämtlicher relevanter Projekte und Maßnahmen erstellt, können diese zunächst in Bezug auf ihren (potenziellen) Beitrag auf die zuvor definierten Ziele und Kriterien bewertet werden. Anschließend werden die einzelnen Aktivitäten zur visuellen Darstellung in der Entscheidungsmatrix verortet (Abb. 2.6). Auf der Y-Achse wird der jeweilige Impact in Bezug auf die strategischen Ziele abgetragen, auf der X-Achse der mögliche Umsetzungszeitpunkt. Da die Umsetzungsdauer einer Aktivität oftmals mit deren Aufwand bzw. Komplexität korreliert, kann die Position auf der X-Achse in der Regel auch Aufschluss über Dauer, Aufwand und Komplexität geben. Über die visuelle Unterscheidung der Umrandung einzelner Projekte oder Maßnahmen in der Matrix kann darüber hinaus eine Aussage über relevante Kriterien, wie zum Beispiel die Umsetzungskosten, abgebildet werden. Die Verortung der Aktivitäten kann dabei sowohl digital als auch analog, zum Beispiel auf einer großen Wand mit Post-Its, erfolgen. Unabhängig davon, wie die Materialisierung der Matrix konkret erfolgt, das Ergebnis ist stets wertvoll: Eine transparente Übersicht über sämtliche potenzielle kurz-, mittel- und langfristige Aktivitäten für die Zeit während und nach der Krise. Und dies auf Basis eines gemeinschaftlichen, im Entscheiderkreis verabschiedeten Zielbildes.

3. *Analyse und Anpassung des Portfolios inkl. Handlungslücken*
   Die mit (potenziellen) Aktivitäten gefüllte Entscheidungsmatrix bildet nun die Grundlage für erste strategische Entscheidungen. Projekte, die sich in den unteren beiden Quadranten der Matrix befinden, sollten bestenfalls kurzfristig gestoppt oder zumindest pausiert werden, um zusätzliche Kapazitäten freizusetzen. Dabei ist jedoch bei jedem einzelnen Projekt bzw. jeder Maßnahme zu prüfen, ob es sich dabei um eine systemkritische Aktivität handelt, die zwingend fortgesetzt werden muss, beispielsweise ein wichtiges Infrastrukturprojekt. Projekte, die sich in den beiden oberen Quadranten der Matrix befinden, sollten prinzipiell fortgeführt und gegebenenfalls sogar verstärkt werden. Ist das jeweilige Projekt bzw. die Maßnahme noch nicht in der Umsetzung, kann an dieser Stelle eine positive Entscheidung zu deren Umsetzung fallen. Dabei sind „Quick Wins", also Aktivitäten die bereits

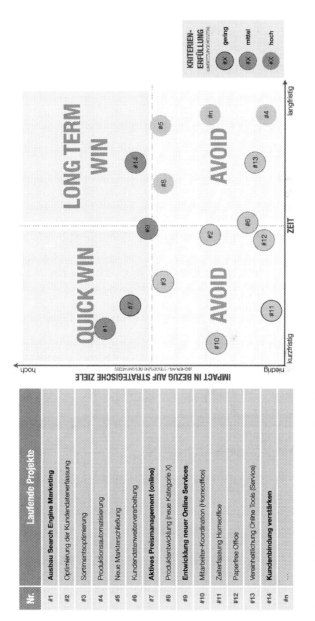

Abb. 2.6 Entscheidungsmatrix: Portfolio (Beispiel)

kurzfristig – und bestenfalls mit weniger Aufwand- durchgeführt werden
können, in Krisenzeiten von besonders hoher Relevanz. Wie in den vorherigen
Kapiteln bereits erläutert wurde, sollten jedoch auch „Long Term Wins"
nicht vernachlässigt werden, um langfristige Chancen im Kontext der neuen
Rahmenbedingungen zu nutzen. Falls die Entscheidungsmatrix keine oder
wenige (potenzielle) Aktivitäten in den oberen beiden Quadranten zeigt, ist der
Handlungsbedarf zur Erarbeitung weiterer, neuer Projekte und Maßnahmen
für die Zeit während und nach der Krise besonders groß. Doch auch eine mit
vielen Projekten und Maßnahmen gefüllte obere Matrix-Hälfte kann trügerisch
sein. Schließlich wurden bis zu diesem Punkt im Prozess weder neue Chancen
und Risiken, die sich im Zuge der Krise ergeben, noch veränderte Stärken und
Schwächen in Bezug auf das eigene Geschäftsmodell, aufgedeckt. Folglich
sollte die Entscheidungsmatrix eher als Startpunkt für die weitere Strategie-
arbeit betrachtet werden.

2.3 Veränderte Umwelt erfassen und bewerten: Chancen und Risiken

„Der [Corona-]Ausbruch hat nicht nur die Finanzmärkte und das kurzfristige
Wachstum unter Druck gesetzt: Er hat eine Neubewertung vieler Annahmen
über die Weltwirtschaft ausgelöst, wie zum Beispiel unsere Begeisterung für
Just-in-Time-Lieferketten, oder unsere Abhängigkeit von internationalen Flugreisen.
Noch tiefgreifender ist, dass die Menschen weltweit die Art und Weise, wie wir
arbeiten, einkaufen, reisen und uns versammeln, grundlegend überdenken. Wenn
wir diese Krise überwinden, wird die Welt anders aussehen. Die Psychologie der
Investoren wird sich ändern. Das Geschäft wird sich ändern. Der Konsum wird sich
ändern. Und wir werden stärker auf unsere Familien und aufeinander angewiesen
sein, um sicher zu sein [23]."
    Larry Fink, CEO Blackrock, März 2020

Die Worte des Blackrock-CEOs Larry Fink aus seinem Investorenbrief zur
Coronakrise im Frühjahr 2020 beschreiben das enorme Veränderungspotenzial von
Krisen. Tatsächlich können größere Schocks zu grundlegenden Veränderungen in
Verhaltensweisen, Bedürfnissen, Werten und Normen führen, die wiederum den
Weg für neue Politik, Arbeitsweisen und Konsumverhalten ebnen. Dies zeigt
ein Blick auf vergangene „Tiefenkrisen". So wird die Pest, welche im 14. Jahr-
hundert 25 bis 30 Mio. Menschenleben kostete, von Historikern als Ursprung der
Renaissance gesehen. Aufgrund knapper Arbeitsressourcen nach der Krise wurden
Feudalismus und Leibeigenschaft beendet. Damit wurde nicht nur Raum für das
Erblühen der Wirtschaft, sondern auch für vollkommen neue Ideen geschaffen.

Der zweite Weltkrieg war nicht nur Ausgangspunkt eines neuen Multilateralismus, sondern ebnete auch den Weg für Frauen als Arbeitskräfte, da diese oftmals die Tätigkeiten ihrer Männer im Krieg weiterführen mussten. Aber auch weniger tief greifende Krisen haben kurz- und langfristige Veränderungen gebracht. So hat sich zwar nach „9/11" das Reiseaufkommen schnell wieder erholt, doch noch heute leben wir mit zahlreichen neuen Sicherheitsregularien im Flugverkehr. Die Finanzkrise wird wiederum von vielen als Anfang vom Ende des Neoliberalismus gesehen, da die zuvor propagierte, unsichtbare Hand des Marktes de facto nicht mehr für dessen Regulierung ausreichte, und so die Rolle des Staates wieder wichtiger wurde [24].

Die Coronakrise hat bereits kurzfristig schwerwiegende Veränderungen in der gesamten Gesellschaft verursacht, unter anderem in Bezug auf die Bedeutung virtueller Arbeitsweisen und die Digitalisierung im Allgemeinen. Damit ist sie am ehesten mit der SARS-Krise 2002/2003 in Asien vergleichbar, welche dort als Geburtsstunde des E-Commerce von Alibaba & Co gilt [7]. Eine Umfrage von Morning Consult im Kontext der Coronakrise zeigt, dass viele US-Bürger ihr Einkaufsverhalten kurzfristig zugunsten von Online-Kanälen verändert haben. Auch in Deutschland erhöhte sich die Zahl der Suchanfragen nach Online-Lebensmittelhändlern wie Amazon Fresh zu Beginn der Coronakrise um das zehnfache [25]. Eine solche Verschiebung zum Online-Einkauf könnte durchaus auch langfristig ein verändertes Kaufverhalten mit sich bringen. Langjährige E-Commerce-Verweigerer, wie beispielsweise viele ältere Menschen, sind in der Krisensituation unter Umständen auf die Onlinekanäle angewiesen und könnten diese auch nach der Pandemie weiter nutzen [26]. Gleiches gilt für die Digitalisierung in Unternehmen, da Menschen plötzlich gezwungen sind, im Home-Office zu arbeiten, und dabei möglicherweise feststellen, dass dies trotz aller Vorbehalte funktioniert. Ein Effekt, der auch langfristig anhalten kann, da im Zuge der akuten Krise die notwendige Infrastruktur bereitgestellt werden musste, die in der Regel auch nach der Krise weiter zur Verfügung steht Viele Unternehmen haben im Zuge der aktuellen Krise zudem erkannt, dass sie für globale Krisen nicht ausreichend gerüstet sind und stellen teilweise bereits ihr Verhalten um, wie Zukunftsforscher Matthias Horx beschreibt [6].

„Die globale Just-in-Time-Produktion mit riesigen verzweigten Wertschöpfungsketten, bei denen Millionen Einzelteile über den Planeten gekarrt werden, hat sich überlebt. Sie wird gerade demontiert und neu konfiguriert. Überall in den Produktionen und Service-Einrichtungen wachsen wieder Zwischenlager, Depots, Reserven. Ortsnahe Produktionen boomen, Netzwerke werden lokalisiert, das Handwerk erlebt eine Renaissance. Das Global-System driftet in Richtung GloKALisierung: Lokalisierung des Globalen".
Matthias Horx, Zukunftsforscher, März 2020

Die aus der Coronapandemie resultierenden politischen Einschnitte in das öffentliche Leben zwingen Menschen dazu, auf viele nicht-lebensnotwendige Freizeitaktivitäten und Dienstleistungen wie Kunst, Kultur, Reisen, oder Konferenzen zu verzichten. Wird dies die Bedeutung derartiger Aktivitäten in Zukunft steigern, weil diese nicht mehr als selbstverständlich wahrgenommen werden? Oder werden Menschen feststellen, dass sie vielleicht gar nicht an jedem Event teilnehmen, jeden neuen Kinofilm sehen und nicht regelmäßig zum Schönheitssalon gehen müssen? Die langfristigen Veränderungen, die ihren Ursprung in der Krise finden, lassen sich auch als „Hysterese-Effekt" bezeichnen. In der Physik beschreibt der Hysterese-Effekt einen temporären Impuls, der eine langfristige Wirkung auslöst, wie es der Managementforscher Hermann Simon an einem Beispiel beschreibt [27].

> „Die folgende E-Mail, die mir ein normalerweise viel reisender Bekannter am 13. März schrieb, deutet auf einen Hysterese-Effekt hin: „Ich kenne Dutzende von Leuten, die noch nie Lebensmittel online eingekauft haben und die das jetzt tun. Ich gehöre dazu. Ich werde nicht mehr auf offline Lebensmitteleinkauf wechseln, nachdem ich mich jetzt einmal vertraut gemacht habe mit den online Lebensmittelangeboten."
> **Hermann Simon, Wirtschaftsprofessor, Gründer, Simon-Kucher & Partners.**
> **März 2020**

Wie in jeder Krise werden sich auch im Kontext der Coronakrise Unternehmen also darauf einstellen müssen, dass sich die Realität nachhaltig verändern wird. Auch wenn noch nicht final absehbar ist, welche konkreten Veränderung Bestand haben werden, lohnt es sich, kurzfristige Veränderungen bereits frühzeitig im Unternehmenskontext zu bewerten, um daraus mögliche Implikationen für langfristige Chancen und Risiken abzuleiten. Hierbei kann es helfen, unterschiedlichen Szenarien zu entwerfen. Dabei ist es nicht entscheidend, dass eines der Szenarien tatsächlich eintritt, sondern dass der Raum für Möglichkeiten bewusst geöffnet wird, wie Professor Müller-Stewens von der Universität St. Gallen beschreibt: „Aus der Hirnforschung wissen wir, dass Menschen, die Szenarien entwickelt haben, schneller als andere erkennen, was auf sie zukommt [28]."

Unternehmen hilft es an dieser Stelle, auf Wissen und Forschung von Experten zurückzugreifen. So hat zum Beispiel das Zukunftsinstut verschiedene Szenarien für die Entwicklung ihrer Megatrends im Kontext der Coronakrise erstellt. Dabei zeigt sich, dass fünf dieser Megatrends für sämtliche Szenarien von zentraler Bedeutung sind, auch wenn deren genaue Richtung noch nicht bekannt ist. Dabei handelt es sich um die Megatrends Sicherheit, Gesundheit, Konnektivität, Individualisierung und Globalisierung. Abhängig von deren Entwicklung konnten vier Szenarien identifiziert werden, die nun Möglichkeiten für die Zukunft beschreiben (Abb. 2.7) [29]. Eine ganzheitliche Szenarienplanung wäre Inhalt genug für ein weiteres Buch und ist auch nicht für jedes Unternehmen gangbar, da dazu weitreichende Expertise erforderlich ist. Es lohnt sich jedoch, zumindest eine generelle Entscheidungsbasis zu schaffen, indem relevante externe Einflussfaktoren strukturiert gesammelt und in Bezug auf Chancen und Risiken für das Unternehmen bewertet werden. Aus dieser Analyse lassen sich anschließend Handlungsbedarfe und Möglichkeiten für die Zeit während und nach der Krise ableiten. Dabei gilt es zu berücksichtigen, dass sich Einflussfaktoren auch innerhalb des Krisenzeitraums mitunter stark verändern können. Aus diesem Grund ist anzuraten, deren Entwicklung kontinuierlich zu beobachten.

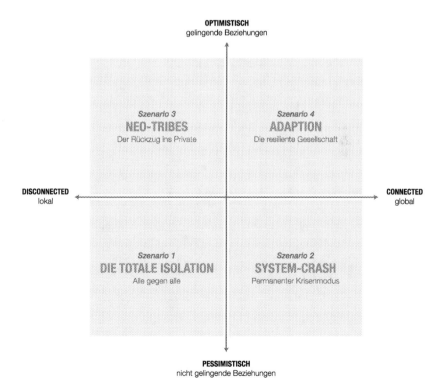

Abb. 2.7 Szenarien des Zukunftsinstituts

Instrument 3: Umweltanalyse

Um eine auf das eigene Unternehmen bezogene Erfassung und Bewertung der veränderten externen Einflussfaktoren vorzunehmen, bietet sich eine strukturierte Umweltanalyse an, welche aktuelle und zukünftige Entwicklungen in Politik, Wirtschaft, Gesellschaft und Technologie beinhaltet und sich in drei Schritte gliedert.

1. *Analyse externer Einflussfaktoren*

   Um eine systematische Erfassung der Einflussfaktoren zu erreichen, wird die Umwelt zunächst in thematische Suchfelder unterteilt. Hier bieten sich Bereiche wie Markt, Technologie, Gesellschaft, Politik und Ökologie an. Innerhalb dieser Felder werden anschließend relevante Einflussfaktoren erfasst. Einen guten Startpunkt zu deren Identifikation bilden bestehende Analysen wie zum Beispiel die Megatrend-Map des Zukunftsinstituts, oder spezifische Trendreports (Abb. 2.8).

   Bezüglich der Einflussfaktoren empfiehlt es sich, jeweils zu prüfen, ob diese im Unternehmenskontext eher positiv oder negativ zu bewerten sind, und inwieweit sie potenziell eher kurz- oder langfristig zum Tragen kommen. Nicht jeder Einflussfaktor ist dabei für das eigene Unternehmen von ähnlich hoher Relevanz. Es gilt: Je relevanter ein einzelner Einflussfaktor ist, desto größer ist die damit verbundene potenzielle Chance bzw. das potenzielle Risiko, dass von diesem Faktor für das Unternehmen ausgeht (Abb. 2.9).

2. *Bewertung und Verortung externer Einflussfaktoren*

   Im nächsten Schritt gilt es, die identifizierten Einflussfaktoren entsprechend ihrer Bewertung als Chance oder Risiko, sowie ihrer zeitlichen Relevanz und Bedeutung für das Unternehmen in die passende Auswahlmatrix zu übertragen (Abb. 2.10). Für verschiedene Szenarien können auch mehrere Matrizen gebildet werden, in denen die diversen Einflussfaktoren mit unterschiedlichen Bewertungen abgetragen werden. Die Beobachtung der Einflussfaktoren über den Zeitverlauf erlaubt dann die kontinuierliche Bewertung und Anpassung der Szenarien. Diese Szenariobetrachtung kann auch in den weiteren Schritten des hier beschriebenen Strategieprozesses angewandt werden. Aus Gründen der Vereinfachung wird im weiteren Verlauf allerdings nur jeweils ein Szenario betrachtet.

3. *Auswahl von Chancen und Risiken zur Strategieentwicklung*

   Auf Basis der zuvor erstellten Matrix können nun die relevantesten kurz- und langfristigen Chancen und Risiken ausgewählt werden, um daraus neue potenzielle Handlungsfelder für das Unternehmen abzuleiten (Abb. 2.11). Die Auswahl erfolgt dabei entsprechend der höchsten Bedeutung einer Chance bzw. eines Risikos für das Unternehmen, sowie ggf. ergänzender Diskussionen mit Entscheidungsträgern und Experten.

Abb. 2.8 Ausgewählte Trends in der Coronakrise

2.4 Bestehendes Geschäftsmodell überprüfen: Stärken und Schwächen

„Geschäftsmodelle müssen grundsätzlich überdacht werden. Was betriebskritisch ist, muss wieder ingesourced werden - Stichworte Wertschöpfungstiefe, Antifragilität und dynamikrobuste Systeme. Das ist das Gegenkonzept zum Effizienzdenken der Vergangenheit. Es geht darum Redundanzen aufzubauen, um sich gegen Krisen abzusichern. Dabei ist jetzt auch die Zeit für Innovation. Jetzt ist die Zeit die Dinge anzugehen, die wir in den letzten Jahren nur in Keynotes gesehen haben."
Marc Wagner, Managing Partner Detecon, März 2020

Bereits ohne Krise sind die Geschäftsmodelle vieler Unternehmen zunehmend im Wandel, um sich an die immer rasanteren Veränderungen der Umwelt anzupassen. Krisen wirken hier als zusätzlicher Beschleuniger. Entsprechend können Krisen und Rezessionen für viele Unternehmen und Industrien eine Zeit des tiefgreifenden Wandels bedeuten. Die wirtschaftliche Situation eines Unternehmens kann sich aufgrund des verstärkten Wettbewerbs, veränderter Beschaffungskosten, staatlicher Eingriffe oder neuer Handelspolitik ändern. Erfolgreiche Unternehmen passen ihre Geschäftsmodelle proaktiv auf diese Veränderungen an, um das bestehende Geschäft zu schützen und Vorteile zu erlangen [10].

KATEGORIE		EXTERNE EINFLUSSFAKTOREN	AUSPRÄGUNGEN IM KONTEXT DER KRISE		
			+/-	ZEIT	BEDEUTUNG
Ökologie	#1	Nachhaltigkeit / Neo-Ökologie	+	langfristig	gering
Technologie	#2	Konnektivität	+	kurzfristig	hoch
Gesellschaft	#3	Individualisierung	-	kurzfristig	mittel
Ökonomie	#4	Globalisierung	-	langfristig	hoch
Gesellschaft	#5	Diversität	+	langfristig	gering
Gesellschaft	#6	Demografische Entwicklung / Silver Society	+	langfristig	mittel
Ökonomie	#7	Arbeitskultur / New Work	+	langfristig	hoch
Gesellschaft	#8	Urbanisierung	-	langfristig	mittel
Gesellschaft	#9	Gesundheitsförderung	+	kurzfristig	hoch
Gesellschaft	#10	Wissenskultur & Lernen	+	langfristig	mittel
Gesellschaft	#11	Sicherheit & Schutz	+	langfristig	mittel
Technologie	#12	Neue Mobilität	-	kurzfristig	hoch
Technologie	#13	Digitale Technologien	+	langfristig	hoch
Gesellschaft	#14	Gesellschaft & Kultur	-	kurzfristig	hoch
Ökonomie	#15	Konsumverhalten	-	kurzfristig	hoch
Gesellschaft	#16	Medienkultur	+	kurzfristig	mittel
Ökonomie	#17	Politische Einflussnahme	-	kurzfristig	hoch
...	#n	....	...	...	...

Abb. 2.9 Analyse externer Einflussfaktoren (Beispiel)

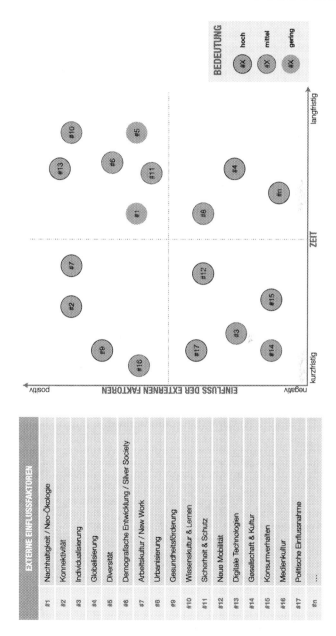

Abb. 2.10 Verortung externer Einflussfaktoren (Beispiel)

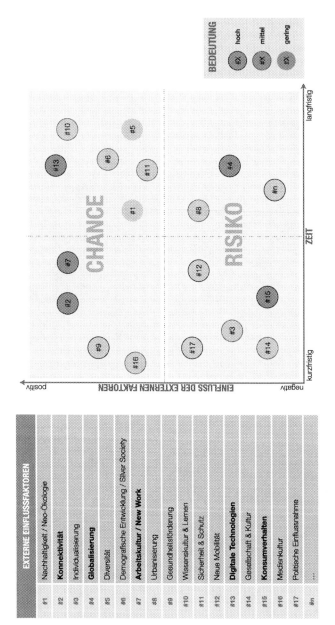

Abb. 2.11 Entscheidungsmatrix: Chancen und Risiken (Beispiel)

Der Einfluss von Krisen auf die Geschäftsmodelle von Unternehmen lässt sich gut an Beispielen vergangener Krisen illustrieren. In der US-Rezession der 90er Jahre verzeichnete beispielsweise IBM erstmals seit den 40er Jahren ein negatives Umsatzwachstum sowie Rekordverluste. Das Unternehmen sah sich gezwungen, sein Geschäftsmodell zu überdenken, das damals auf dem Verkauf von Großrechnern basierte. Es erfolgte eine Verlagerung des Angebotes auf IT-Dienstleistungen und -Lösungen, mit denen IBM bis heute erfolgreich ist [12].

Im Kontext der SARS-Krise 2003 findet sich das Beispiel von Jingdong, einer kleinen Handelskette für Elektronikartikel in China. Aufgrund der mit der Krise verbundenen Einschränkungen fokussierte sich das Unternehmen darauf, das Sortiment online zur Verfügung zu stellen, was ein Jahr später in dem Online-händler JD.com mündete. Zwei Jahre später wurden schließlich sämtliche Filialen geschlossen und das Unternehmen wurde zu einem reinen E-Commerce Anbieter. Heute ist JD.com eine der größten E-commerce Plattformen der Welt. Auch in der Coronakrise konnte das Unternehmen bereits ein 10%-iges Umsatzwachstum generieren [30].

Walmart konnte bisher in den USA von der Coronakrise profitieren, da Kunden in der akuten Krisensituation Vorräte anlegen und viele andere Einkaufs- und Unterhaltungsmöglichkeiten geschlossen sind (Stand: April 2020). Doch neben diesen kurzfristigen Effekten plant Walmart auch von langfristigen Veränderungen zu profitieren, indem das Unternehmen die spezifischen Stärken des Geschäftsmodells wie Infrastruktur, Technologie und Personal ausspielt, um zum Beispiel verstärkt Online-Lieferungen und Marktabholungen anzubieten [31].

Aufgrund dieser Effekte ist es in Krisenzeiten wichtig, die Stärken und Schwächen des eigenen Geschäftsmodells im Kontext der veränderten Umweltsituation auf Herz und Nieren zu prüfen. Auch eine für das Unternehmen per se positive Entwicklung der Umwelt kann dabei eine Gefahr darstellen, falls das eigene Geschäftsmodell diese Entwicklung nicht antizipiert. Denn dadurch erhöht sich die Disruptionsgefahr durch bessere oder gänzlich neue Mitbewerber. Und selbstverständlich besteht bei einer aus Unternehmenssicht negativen Entwicklung des Umfeldes eine erhöhte Verlustgefahr, falls hier nicht aktiv gegengesteuert wird. Gelingt dies jedoch, kann das Unternehmen auch in einem schwierigen Umfeld wettbewerbsfähig bleiben, und von positiven Entwicklungen sogar besonders stark profitieren (Abb. 2.12).

Instrument 4: Geschäftsmodell-Analyse
Um das bestehende Geschäftsmodell systematisch zu überprüfen, werden zunächst relevante interne Faktoren im Kontext der Krisensituation identifiziert, um potenzielle Stärken und Schwächen des Unternehmens aufzudecken.

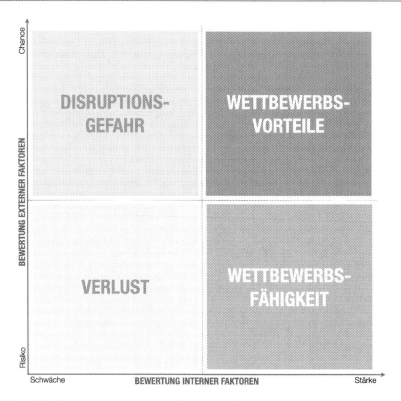

Abb. 2.12 Zusammenhang interner und externer Faktoren

Auf dieser Basis können anschließend potenzielle strategische Handlungsfelder in Bezug auf die einzelnen Aspekte des Geschäftsmodells wie beispielsweise das eigene Leistungsangebot, bestehende Vertriebskanäle oder Kernprozesse abgeleitet werden. Das Vorgehen gliedert sich dabei in drei Schritte:

1. *Identifikation relevanter interner Faktoren*
   Zur Erfassung relevanter interner Faktoren im Geschäftsmodell bietet sich beispielsweise der Business Model Canvas an. Das Strategietool von Alexander Osterwalder ermöglicht eine übersichtliche Darstellung über die einzelnen Aspekte eines Geschäftsmodells und kann somit als einfache Grundlage der Geschäftsmodellanalyse dienen (Abb. 2.13). Die einzelnen Felder bilden sowohl die Marktseite (Angebot/Kundenbeziehung/Kanäle/Kunden/

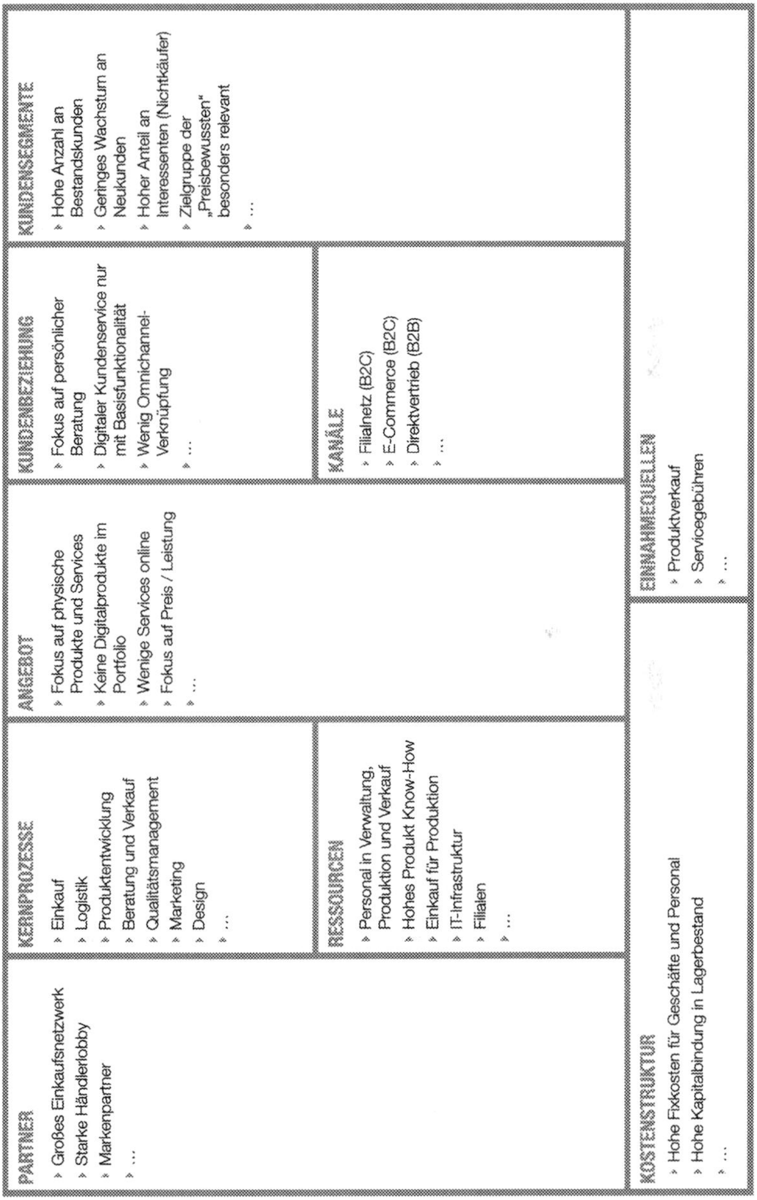

PARTNER
- Großes Einkaufsnetzwerk
- Starke Händlerlobby
- Markenpartner
- …

KERNPROZESSE
- Einkauf
- Logistik
- Produktentwicklung
- Beratung und Verkauf
- Qualitätsmanagement
- Marketing
- Design
- …

RESSOURCEN
- Personal in Verwaltung, Produktion und Verkauf
- Hohes Produkt Know-How
- Einkauf für Produktion
- IT-Infrastruktur
- Filialen
- …

ANGEBOT
- Fokus auf physische Produkte und Services
- Keine Digitalprodukte im Portfolio
- Wenige Services online
- Fokus auf Preis / Leistung
- …

KUNDENBEZIEHUNG
- Fokus auf persönlicher Beratung
- Digitaler Kundenservice nur mit Basisfunktionalität
- Wenig Omnichannel-Verknüpfung
- …

KANÄLE
- Filialnetz (B2C)
- E-Commerce (B2C)
- Direktvertrieb (B2B)
- …

KUNDENSEGMENTE
- Hohe Anzahl an Bestandskunden
- Geringes Wachstum an Neukunden
- Hoher Anteil an Interessenten (Nichtkäufer)
- Zielgruppe der „Preisbewussten" besonders relevant
- …

KOSTENSTRUKTUR
- Hohe Fixkosten für Geschäfte und Personal
- Hohe Kapitalbindung in Lagerbestand
- …

EINNAHMEQUELLEN
- Produktverkauf
- Servicegebühren
- …

Abb. 2.13 Interne Faktoren im Business Model Canvas (Beispiel)

Monetarisierung), als auch die Produktionsseite (Kernprozesse/Ressourcen/ Kosten/Partner) ab. Feld für Feld können hier relevante interne Faktoren vor dem Hintergrund der Krisensituation identifiziert und dokumentiert werden. Welche Vertriebskanäle stehen mir zur Verfügung? Auf welche Lieferanten kann ich zurückgreifen? Welche Kernprozesse sind überlebenswichtig? Um vollständige Antworten zu solchen Fragen in allen Feldern des Business Model Canvas zu erhalten, sollte das Gespräch mit Führungskräften aus sämtlichen betroffenen Bereichen (Produktion, Marketing, Finanzen, etc.) gesucht werden.

2. *Bewertung und Verortung relevanter interner Faktoren*
Auf Basis der identifizierten, relevanten internen Faktoren gilt es nun, konkrete Stärken und Schwächen des bestehenden Geschäftsmodells in der aktuellen und (erwarteten) zukünftigen Situation abzuleiten. Dazu empfiehlt es sich, die internen Faktoren aus dem Business Model Canvas zunächst in einer Liste zu sammeln und dann in Bezug auf die Krisensituation als Stäke oder Schwäche (+/-) zu bewerten, sowie ihre zeitliche Relevanz (kurz-/langfristig) und Bedeutung (hoch/mittel/gering) in der veränderten Umwelt einzuschätzen. (Abb. 2.14).

Zur einfachen Übersicht können die internen Faktoren entsprechend ihrer jeweiligen Bewertung in eine Auswahlmatrix übertragen werden. Die Umrandung kann dabei die Bedeutung des einzelnen Faktors anzeigen, während die Position in der Matrix dem zeitlichen Horizont sowie der Kategorisierung als Stärke oder Schwäche entspricht. So wird auf einen Blick deutlich, welche bedeutsamen Stärken und Schwächen das bestehende

KATEGORIE	INTERNE FAKTOREN		AUSPRÄGUNGEN IM KONTEXT DER KRISE		
			+/-	ZEIT	BEDEUTUNG
Kundensegmente	#1	Hohe Anzahl an Bestandskunden	+	kurzfristig	hoch
Kernprozesse	#2	Hohe Leistungsfähigkeit der Logistik	+	kurzfristig	hoch
Kanäle	#3	E-Commerce etabliert aber geringer Umsatzanteil	+	kurzfristig	hoch
Kanäle	#4	Filialnetz als Hauptumsatzquelle	-	kurzfristig	hoch
Kostenstruktur	#5	Hohe Kapitalbindung in Lagerbestand	-	kurzfristig	mittel
Partner	#6	Großes Einkaufsnetzwerk	+	kurzfristig	mittel
Ressourcen	#7	IT-Infrastruktur	+	langfristig	mittel
Angebot	#8	Fokus auf physische Produkte und Services	-	langfristig	mittel
...	#n	...	...	...	...

Abb. 2.14 Bewertung interner Faktoren (Beispiel)

Geschäftsmodell im Hinblick auf die veränderte Umwelt kurz- und langfristig mit sich bringt (Abb. 2.15).

3. *Auswahl von Stärken und Schwächen zur Strategieentwicklung*
Nun gilt es, die relevantesten kurz- und langfristigen Stärken und Schwächen aus der Übersicht zur weiteren Bearbeitung auszuwählen. Die Auswahl erfolgt dabei entsprechend der Bewertung und Bedeutung der einzelnen internen Faktoren sowie ggf. ergänzender Diskussionen mit Entscheidungsträgern und Experten (Abb. 2.16).

2.5 Strategische Planung erneuern: Neue strategische Handlungsfelder

„Die Krise kann jedoch den Wettbewerbsvorteil forschungsintensiver Unternehmen vergrößern, die die Chance nutzen, ihre Marktführerschaft durch höhere Ausgaben für Innovation, Forschung und Entwicklung zu stärken. Viele der heute führenden Unternehmen wurden in der "kreativen Zerstörung" des wirtschaftlichen Abschwungs geboren oder umgewandelt. Und mehrere der heute führenden Technologieunternehmen wie Samsung Electronics oder Google haben ihre F&E-Ausgaben während und nach der "New Economy"-Pleite 2001 stark erhöht [32]."
OECD, Juni 2009

Die oben zitierte Analyse der OECD beschreibt, was auch zahlreiche andere Studien belegen: Insbesondere in Krisenzeiten gilt es, gezielt an neuen strategischen Handlungsfeldern zu arbeiten. Eine Studie des Global Entrepreneurship Monitor im Kontext der Finanzkrise 2008 in Spanien kommt zu dem Ergebnis, dass die Identifikation von Innovationen und Opportunitäten in Krisenzeiten wichtiger ist als in Phasen des Aufschwungs [33]. Dies lässt sich auch am Beispiel von Apple illustrieren. Obwohl sich der Umsatz des Unternehmens nach dem Platzen der Dotcom-Blase im Vergleich zum Vorjahr um ganze 33 % verringerte, erhöhte Apple zur gleichen Zeit seine Forschungs- und Entwicklungsausgaben um 13 %, und behielt dieses Niveau auch in den Folgejahren bei. Bereits im Jahr 2003 präsentierte Apple das neue Multimedia-Verwaltungsprogramm iTunes und im Folgejahr den iPod Mini und iPod Photo. Damit läutete das Unternehmen den Beginn einer steilen Wachstumsperiode ein [34].

So zeigt sich erneut: in der Krise liegen auch Chancen. Da finanzielle Mittel in einer Krisensituation meist knapp sind, müssen die strategischen Handlungsfelder jedoch gut gewählt sein. Eine erste Indikation für die richtige Auswahl liefert eine Untersuchung aus dem Jahr 2003, die auf Basis der Daten von

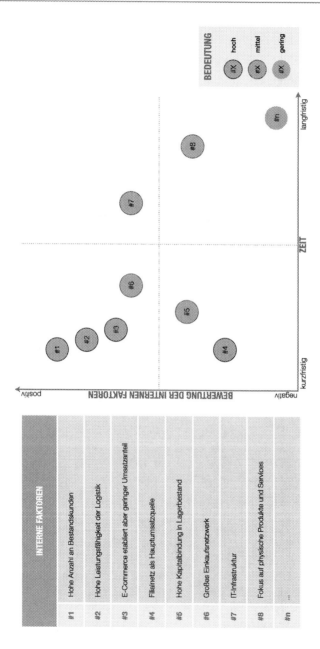

Abb. 2.15 Verortung interner Faktoren (Beispiel)

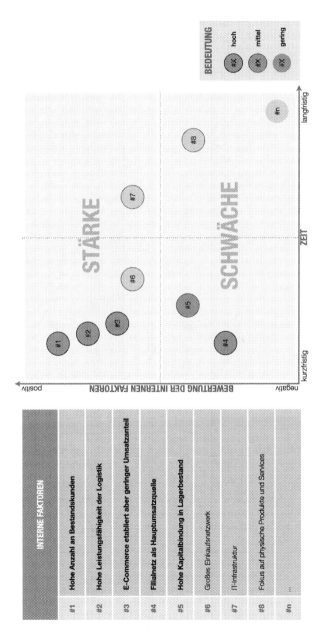

Abb. 2.16 Entscheidungsmatrix: Stärken und Schwächen (Beispiel)

4100 Unternehmen über mehrere Rezessionen aufzeigt, dass es sich in Krisenzeiten besonders auszahlt, aggressiv in Marketing, Innovation und Kunden-
qualität zu investieren [35]. Gleichzeitig empfiehlt sich eine Kombination aus
„Red-Ocean"-Strategien (Wettbewerb in bestehenden Märkten) und „Blue-
Ocean"-Strategien (Schaffung neuer Märkte). Dies ermöglicht einerseits
schnellen Cashflow in bestehenden Märkten zu generieren, und andererseits in
neue Märkte vorzudringen, die während oder nach der Krise florieren könnten.
Prominente Beispiele für den Erfolg solcher Blue-Ocean-Strategien gibt es
einige, darunter erneut Apple, mit der Etablierung des Smartphones, Amazon als
Pionier im Bereich des E-Commerce- und E-Book-Geschäftes, oder Netflix mit
seiner erfolgreichen Streaming-Plattform [36].

Instrument 5: Strategische Handlungsfelder
Zur Ableitung neuer kurzfristiger und langfristiger Handlungsfelder für das
eigene Unternehmen können die zuvor ausgewählten Einflussfaktoren, die
besonders relevante Chancen, Risiken, Stärken oder Schwächen offenbart haben
(Instrumente 3 und 4), zu Rate gezogen werden. Da in der Krise die finanziellen
und personellen Ressourcen besonders knapp sind, ist es entscheidend, selektiv
vorzugehen und einen klaren Fokus auf einige ausgewählte strategische Handlungsfelder zu legen. Auch hier erfolgt das konkrete Vorgehen in drei Schritten:

1. *Ableitung strategischer Handlungsfelder*
   Den Startpunkt bilden die zuvor identifizierten und als besonders relevant
   bewerteten Einflussfaktoren für das Unternehmen (siehe Abschn. 2.3 und
   2.4). Zur einfacheren Übersicht bietet es sich an, lediglich die ausgewählten
   Faktoren in der jeweiligen Matrix anzuzeigen (Abb. 2.17).
   Durch die Kombination relevanter Einflussfaktoren aus der Chancen/Risiken-
   und der Stärken/Schwächen-Matrix können nun neue strategische Handlungsfelder abgeleitet werden. (Abb. 2.18) Wachstumsstrategien entstehen in der
   Regel aus der Kombination ausgewählter externer Chancen mit konkreten
   Stärken des Unternehmens (Wettbewerbsvorteile). Abwehrstrategien lassen
   sich dagegen aus der Kombination externer Risiken mit bestehenden Stärken
   des bestehenden Geschäftsmodells ableiten (Wettbewerbsfähigkeit). Auch
   Anpassungsstrategien lassen sich auf diesem Wege erarbeiten. Dies geschieht,
   indem interne Stärken reduziert bzw. angepasst werden, um entweder externe
   Risiken zu adressieren (Verlustgefahr), oder Chancen nicht zu verpassen
   (Disruptionsgefahr) (Abb. 2.18).

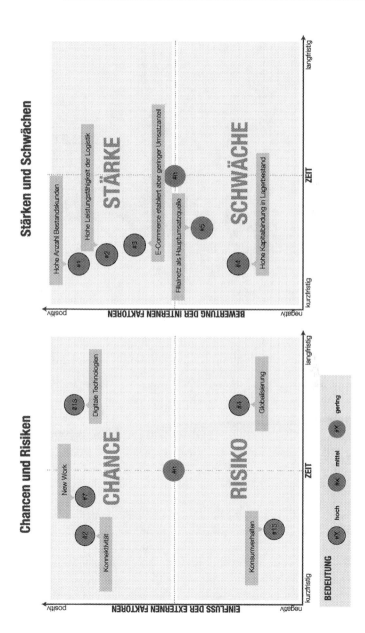

Abb. 2.17 Ausgewählte Chancen, Risiken, Stärken und Schwächen (Beispiel)

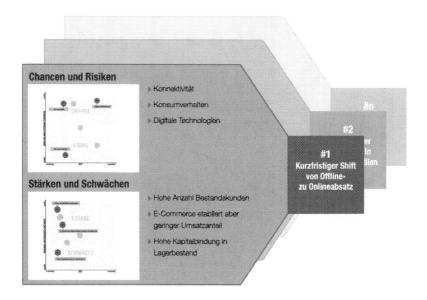

Abb. 2.18 Ableitung strategischer Handlungsfelder (Beispiel)

2. *Bewertung und Verortung strategischer Handlungsfelder*

Nachdem eine ausreichende Anzahl potenzieller kurz-, mittel- und langfristiger Handlungsfelder erarbeitet wurde, sollten diese nun bewertet werden,
um eine transparente Basis für deren Auswahl zu schaffen. Auch bereits
bestehende oder geplante Projekte oder Maßnahmen des Unternehmens
können hier der Vollständigkeit halber mit aufgenommen werden. Alle
bestehenden und neu erarbeiteten Handlungsoptionen werden zunächst in
einer Liste gesammelt und in Bezug auf ihren (potenziellen) Beitrag auf die
in Instrument 1 definierten Ziele und Kriterien (siehe Abschn. 2.1) bewertet
(Abb. 2.19).

Eine anschließende Einordnung der strategischen Handlungsfelder in die Entscheidungsmatrix (siehe Abschn. 2.1) ermöglicht nun eine fundierte Auswahl.
Dazu wird auf der Y-Achse der erwartete Beitrag des jeweiligen Handlungsfeldes auf die zuvor festgelegten kurz- und langfristigen strategischen Ziele
abgetragen. Die X-Achse gibt Auskunft über die erwartete Umsetzungszeit,
und damit zu einem gewissen Grad auch über Aufwand und Komplexität der
verorteten Handlungsfelder. Weitere für das Unternehmen relevante Kriterien

Nr.	Strategische Handlungsfelder	Zielerreichung (5 = hohes Umsatzpotenzial)	Zeithorizont (5 = sehr kurzfristig)	Kriterienerfüllung (5 = geringe Umsetzungskosten)
#1	Kurzfristiger Shift von Offline- zu Onlineabsatz	4	4	4
#2	Erhöhung der Reichweite in digitalen Kanälen	4	3	2
#3	Vertrauensbildende Maßnahmen und Kommunikation (Hygiene)	3	5	4
#4	Neue Maßnahmen zum betrieblicher Gesundheitsschutz	3	5	3
#5	Transfer der Kundenberatung in digitale Kanäle	3	3	3
#6	Neue Monetarisierungsmodelle	3	2	2
#7	Aufbau eines Kundenbindungsprogramms	3	3	3
#8	F&E / Innovation für neue Angebote	3	2	2
#9	Digitales Kundenerlebnis / Kundenservice-Maßnahmen (CX)	2	3	3
#10	Branchenübergreifende Partnering- & Networking-Aktivitäten	2	2	4
#11	Optimierung zur Diversifizierung und Flexibilisierung der Lieferkette	2	1	1
#12	Neue Aus- und Weiterbildungsmaßnahmen für Mitarbeitende	1	1	2
#n	…	…	…	…

Abb. 2.19 Bewertung strategischer Handlungsfelder (Beispiel)

können wie bereits zuvor über die Ausgestaltung der Items, beispielsweise anhand der Umrandung der Kreise, dargestellt werden (Abb. 2.20).

3. *Auswahl neuer strategischer Handlungsfelder*

Bevor eine konkrete Auswahl der kurz- und langfristigen strategischen Handlungsfelder auf Basis der Entscheidungsmatrix getroffen wird, empfiehlt sich ein Rückblick auf mögliche Handlungslücken aus dem Portfoliocheck, zum Beispiel falls bislang keine ausreichende Anzahl kurzfristiger Projekte und Maßnahmen für die Bewältigung der Krise im Unternehmen vorhanden sind (siehe Abschn. 2.2). Strategische Handlungsfelder, die potenzielle „Quick Wins" versprechen, sollten möglichst sofort angegangen werden, um das Unternehmen in der akuten Krise zu stärken (Act Now). Da jedoch auch für die (veränderte) Zukunft geplant werden muss, gilt es gleichzeitig, in strategische Wachstumsinitiativen im Sinne von „Long Term Wins" zu investieren (Plan Now) (Abb. 2.21). Handlungsfelder, die nur begrenzt zur Erreichung der gesteckten Ziele beitragen können, sollten in Krisenzeiten möglichst gemieden werden. Ausnahme bilden hier solche Handlungsfelder, die unabhängig vom Zielbeitrag beispielsweise aus regulatorischer Sicht oder zum Schutz von Mitarbeitern und Kunden notwendig sind. Diese sollten gesondert markiert werden. Spätestens bei der Auswahl der relevanten Handlungsfelder auf Basis der Matrix sollten die Entscheidungsträger des Unternehmens intensiv eingebunden werden, um eine gemeinsame Entscheidungsbasis für die spätere strategische Roadmap sicherzustellen.

2.6 Strategische Roadmap aufstellen: Spezifische Handlungsoptionen

„Jetzt ist die Zeit der Unternehmer und nicht der Manager! Und dabei geht es nicht um Kategorien wie „oldschool" oder „newschool". Die Buchhandlung um die Ecke muss jetzt genauso innovativ denken wie die Startups - und dabei haben keineswegs die Startups immer die besseren Karten."

Uwe Kerkmann, Leiter der Gruppe Außenwirtschaft, Ministerium für Wirtschaft, Innovation, Digitalisierung und Energie des Landes Nordrhein-Westfalen, März 2020

In Krisenzeiten ist die Entwicklung und Bewertung strategischer Handlungsoptionen besonders schwierig und erfordert einen ausgeprägten Unternehmergeist zur strategischen Erneuerung. Schließlich bewegen sich Unternehmen hier in Zeiten großer Unsicherheit. Klassische strategische Planungsprozesse stoßen schnell an ihre Grenzen, da aufgrund der aktuellen Krise Annahmen aus der

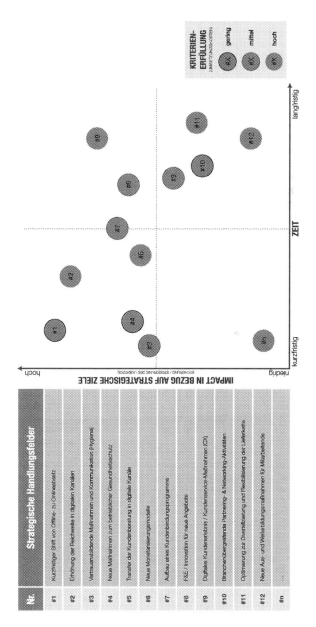

Abb. 2.20 Verortung strategischer Handlungsfelder (Beispiel)

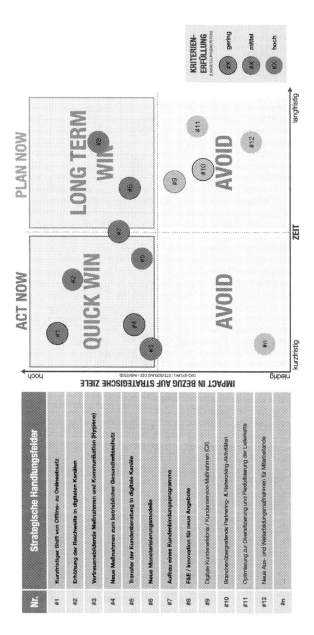

Abb. 2.21 Entscheidungsmatrix: Strategische Handlungsfelder (Beispiel)

Vergangenheit in der Regel nicht einfach fortgeschrieben werden können. Selbst eine neue Erfassung der Situation, wie in den vorigen Kapiteln beschrieben, ist unter Umständen nicht ausreichend, da die Beständigkeit der identifizierten Faktoren nicht sicher vorhergesagt werden kann. Zusätzliche Szenarien helfen hier zwar, den Handlungs-Spielraum zu öffnen, bringen aber keine größere Entscheidungssicherheit mit sich, solange die einzelnen Szenarien nicht mit konkreten Wahrscheinlichkeiten versehen werden können. Am Ende bleibt stets eine gewisse Restunsicherheit.

Diese Restunsicherheit lässt sich in vier Stufen kategorisieren, wie eine Analyse der Strategy Theory Initiative zeigt. Mögliche Unsicherheits-Stufen bewegen sich laut der Analyse von „sehr gering", im Sinne einer hinreichend klar vorhersehbaren Zukunft, über mittlere Stufen, in denen alternative Zukunftsszenarien oder eine ganze Bandbreite möglicher Zukunftsentwicklungen bestehen, bis „sehr hoch", falls eine echte Mehrdeutigkeit vorliegt (Abb. 2.22) [37].

In Laufe einer Krise können sich Unternehmen zu verschiedenen Zeitpunkten mit unterschiedlichen Unsicherheits-Stufen konfrontiert sehen, im Extremfall auch mit einer sehr hohen Unsicherheit (echte Mehrdeutigkeit). Dies kann zum Beispiel der Fall sein, wenn eine Krise gerade akut wird und deren Ausgang und Konsequenzen noch völlig ungewiss sind. In diesem Fall herrscht eine Entwicklung, die praktisch unmöglich vorherzusagen ist. Im weiteren Krisenverlauf nimmt die Unsicherheit in der Regel wieder ab, sodass sich Entwicklungen genauer absehen lassen und die Planung entsprechend angepasst werden kann. Dennoch müssen Unternehmen auch in Situationen höchster Unsicherheit entscheidungsfähig sein, um relevante strategische Maßnahmen kurzfristig verabschieden und umsetzen zu können.

Dazu gibt es verschiedene strategische Handlungsmöglichkeiten, welche sich grob in „Big Bets", „Optionen" und „No-Regret"-Maßnahmen unterteilen lassen (Abb. 2.23). Big Bets wie zum Beispiel Transformationen, Firmen-Übernahmen oder neue Geschäftsfelder sind mit hohem Aufwand bzw. hohen Kosten verbunden und implizieren entsprechend auch ein erhöhtes Risiko. Optionen wie beispielsweise Pilotprojekte erlauben es, von Chancen zu profitieren und weiter zu skalieren, falls es gut läuft, ohne dass zu Beginn ein hoher Aufwand nötig ist. No-Regret-Maßnahmen wiederum haben stets einen Mehrwert für das Unternehmen und sind daher oft typische Quick Wins mit wenig Aufwand und schnellem Mehrwert wie zum Beispiel Effizienzsteigerungen oder der Aufbau neuer relevanter Fähigkeiten.

Insbesondere in einer sehr unsicheren Krisensituation ist es sinnvoll, ein Portfolio mit diversen strategischen Maßnahmen zur Hand zu haben. So kann das Unternehmen kurzfristig auf No-Regret-Maßnahmen und Optionen aufsetzen, und bei besonders relevanten Chancen auch Big Bets eingehen [37].

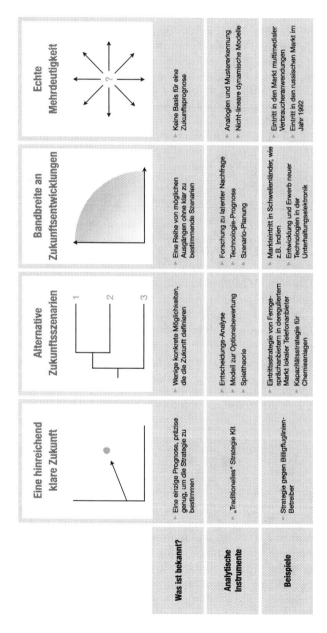

Abb. 2.22 Vier Stufen der Unsicherheit

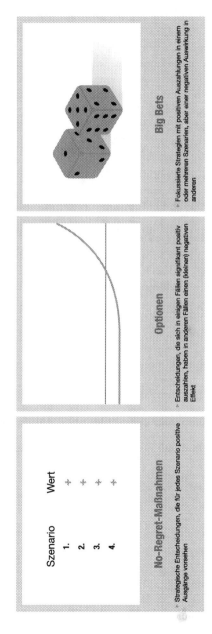

Abb. 2.23 Übersicht strategischer Handlungsmöglichkeiten

Doch welche Big Bets, Optionen oder No-Regret-Maßnahmen haben sich in Krisen bislang bewährt? Laut einer Analyse des Managementforschers Herrmann Simon bieten sich als No-Regret-Maßnahmen in Krisenzeiten zum Beispiel ungewöhnliche Garantien, eine erfolgsabhängige Bezahlung, Cross-Selling-Maßnahmen, oder auch eine Intensivierung sowie stärkere Monetarisierung von Services an. Denn mithilfe dieser Maßnahmen, so Simon, kann potenziell das Vertrauen gestärkt, der Cashflow gesichert und der Umsatz schnell gesteigert werden. Zu den sinnvollen Optionen im Kontext einer Krise zählen laut der Analyse insbesondere alternative Monetarisierungsmodelle, die Erschließung neuer Kundensegmente, die Ausweitung der Serviceangebote und Systemlösungen, sowie eine Erweiterung des Verriebssortiments. So können bestenfalls die Finanzen optimiert und der Umsatz nachhaltig gesteigert werden [38]. Abhängig von den individuellen Zielen des Unternehmens (siehe Abschn. 2.1) können dies bereits erste Inspirationen für mögliche Maßnahmen in den ausgewählten strategischen Handlungsfeldern sein.

In Bezug auf Big Bets kann es sinnvoll sein, auf besonders langfristige und nachhaltige Trends aufzusetzen, die möglichst unabhängig von der Krise sind. So könnten zum Beispiel Investitionen in Lösungen für den Klimaschutz getätigt werden, in der Annahme, dass der Klimawandel durch die aktuelle Krise nicht plötzlich zum Erliegen kommt und somit langfristig ein relevantes Betätigungs-feld darstellt. Solche „Zukunftsinnovationen" können Teil der verabschiedeten strategischen Maßnahmen sein, um auch nach der Krise gut aufgestellt zu sein.

> „Neue Technologien sind der Schlüssel zur Zukunft der Mobilität. Bis 2025 nehmen wir mehr als 30 Milliarden Euro für Forschung und Entwicklung in die Hand, um unsere Rolle als Innovationsführer weiter auszubauen. Das ist auch Ausdruck unserer Zuversicht für die zukünftige Geschäftsentwicklung. Von entscheidender Bedeutung ist dabei die Fähigkeit, unterschiedlichste Technologien in ein Gesamt-system zu integrieren: Wer Hardware und Software gleichermaßen beherrscht und zusammenführt, wird nachhaltig die Zukunft des Automobils gestalten. Wir sehen uns hier ganz klar auf der Überholspur [39]."
> **Oliver Zipse, CEO BMW, März 2020**

Instrument 6: Strategische Handlungsoptionen

Um eine konkrete strategische Roadmap für die Zeit während und nach der Krise zu verabschieden, müssen die zuvor erarbeiteten und ausgewählten strategischen Handlungsfelder zunächst systematisch detailliert und analysiert werden, um Anknüpfungspunkte für konkrete Handlungsoptionen aufzudecken und spezi-fische Projekte und Maßnahmen abzuleiten. Anschließend können diese bewertet und je nach Relevanz zur kurz- oder langfristigen Umsetzung ausgewählt und als Roadmap dargestellt werden. Das konkrete Vorgehen gliedert sich dazu in drei Schritte:

1. *Systematische Detaillierung der ausgewählten Handlungsfelder*
   Basis für die Erarbeitung konkreter Handlungsoptionen sind die zuvor ausgewählten strategischen Handlungsfelder. Diese gilt es nun, systematisch zu detaillieren, um möglichst viele potenzielle Anknüpfungspunkte für spezifische Projekte oder Maßnahmen aufzudecken. Dazu bietet sich der sogenannte morphologische Kasten an, mit dessen Struktur das jeweilige Handlungsfeld zunächst in einzelne Parameter aufgegliedert wird, die dann wiederum in möglichst viele Ausprägungen spezifiziert werden. Ein Handlungsfeld könnte beispielsweise in einzelne Parameter wie „Zielgruppen", „Kanäle" oder „Monetarisierungsmöglichkeiten" aufgegliedert werden. Und ein Parameter wie „Zielgruppen" dann wiederum in einzelne Ausprägungen wie „B2B", „B2C", „Frauen", „Männer", „Preisbewusste", etc. spezifiziert werden (Abb. 2.24). Die Materialisierung des morphologischen Kastens kann zum Beispiel mithilfe einer einfachen Excel-Tabelle erfolgen.

2. *Detaillierte Analyse zur Ableitung von Handlungsoptionen*
   Sobald ein Handlungsfeld als morphologischer Kasten in Parameter und Ausprägungen spezifiziert wurde, ist im nächsten Schritt eine detaillierte Sekundärforschung vonnöten. Es gilt, die einzelnen Parameter und Ausprägungen beispielsweise mit Hilfe von vorhandenen Studien, Trends, Befragungen oder internen Marktforschungsdaten zu analysieren, um möglichst viele konkrete Ansatzpunkte für spezifische Projekte oder Maßnahmen innerhalb des Handlungsfeldes aufzudecken (Abb. 2.25). Abhängig vom zu untersuchenden Handlungsfeld kann es sinnvoll sein, neben den sekundären auch primäre Forschungsaktivitäten wie zum Beispiel Expertenbefragungen oder eigene Umfragen durchzuführen. Durch die detaillierte Analyse in diesem Schritt können nicht nur besonders relevante, spezifische Potenziale innerhalb eines Handlungsfeldes aufgedeckt werden. Durch die Fundierung eines Ansatzpunktes mit Hilfe von Fakten aus Sekundär- und ggf. Primärforschung ist auch die nötige Basis für eine möglichst objektive Bewertung der abgeleiteten Projekte und Maßnahmen gegeben (Abb. 2.26).

3. *Bewertung und Auswahl strategischer Handlungsoptionen*
   Die aus der Analyse abgeleiteten strategischen Handlungsoptionen, im Sinne von spezifischen Projekten und Maßnahmen, gilt es nun, in Bezug auf ihren (potenziellen) Beitrag auf die vorher definierten Ziele und Kriterien (siehe Abschn. 2.1) zu bewerten. Eine anschließende Einordnung in die Ent-

PARAMETER	AUSPRÄGUNGEN					
Wer (Zielgruppe)	B2B	B2C	Frauen	Männer	Preisbewusste	...
Was (Aktivität)	Vermarktung	Information	Beratung	Fulfillment	Kundenservice	...
Wie (Kanäle)	Eigene E-Commerce Plattform	Digitale Marktplätze	Social Media	Filiale	App	...
Warum (Bedürfnis)	Verfügbarkeit	Ansteckungs-vermeidung	Convenience	Dringlichkeit	Neugestaltung Alltag	...
Wo (Touchpoints)	Point of Need	Above-the-line Marketing	Webseite	Zuhause	Pick-Up-Point	...
...	...	...	...	...	...	...

Abb. 2.24 Übersicht eines morphologischen Kastens (Beispiel)

scheidungsmatrix ermöglicht eine transparente, visuelle Darstellung aller Handlungsoptionen als Portfolio. Dazu wird auf der Y-Achse der erwartete Beitrag der jeweiligen Handlungsoption auf die kurz- und langfristigen strategischen Ziele abgetragen. Die X-Achse gibt wie gewohnt Auskunft über die erwartete Umsetzungszeit bzw. indirekt auch über Aufwand und Komplexität der verorteten Handlungsoptionen. Relevante Kriterien können erneut durch die unterschiedliche Ausgestaltung der einzelnen Items dargestellt werden (Abb. 2.27).

Nun ist die Voraussetzung für eine finale Auswahl umzusetzender Projekte und Maßnahmen geschaffen. In Krisenzeiten gilt es zunächst, eine ausreichende Anzahl von kurzfristigen Quick Wins sicherzustellen, darunter bestenfalls möglichst viele No-Regret-Maßnahmen. Zudem sollten für die mittel- und langfristige Planung auch Optionen mit ungewisserem Impact und geringem Aufwand, sowie Big Bets mit hohem Aufwand, aber gleichzeitig hohem potenziellen Zielbeitrag in das Strategieportfolio aufgenommen werden. So wird eine passende Balance zwischen Projekten und Maßnahmen für die Zeit während und nach der Krise sichergestellt. Handlungsoptionen, die einen geringen potenziellen Zielbeitrag in Verbindung mit einem hohen Aufwand

PARAMETER / **AUSPRÄGUNGEN**

Wer (Zielgruppe)	B2B	B2C	Frauen	Männer	Preisbewusste	...
Forschungsergebnisse	▸ Der Anteil der B2B Kunden am Gesamtumsatz liegt bei 12% ▸ Auswirkungen der Krise wird davon ausgegangen das der Anteil weiter sinkt ▸ ...	▸ B2C Umsatz erfolgt zu 71% in den stationären Filialen ▸ Der Anteil von E-Commerce am Gesamtumsatz ist 2019 gegenüber dem Vorjahr um 10% gestiegen ▸ ...	▸ Der Anteil der Frauen (B2C) ist geringer (42%) als der bei den Männern ▸ Der durchschnittliche Warenkorb (online) liegt beim 1,5-fachen der Männer ▸ ...	▸ Männliche Kunden kaufen im Schnitt zwei- bis dreimal pro Monat ▸ Männer kaufen primär stationär (76%). Der Anteil der Onlinekäufe steigt jedoch kontinuierlich ▸ ...	▸ 73% der Kunden geben an, dass der Preis das wichtigste Entscheidungskriterium ist ▸ Preisbewusste Käufer weisen eine besonders geringe Loyalität auf ▸ ...	▸ ...

Was (Aktivität)	Vermarktung	Information	Beratung	Fulfillment	Kundenservice	
Forschungsergebnisse	▸ Der Anteil von Onlinewerbung liegt aktuell bei 15 % ▸ Die höchsten Konversionsraten (3%) werden über Search Engine Marketing erreicht ▸ ...	▸ Kunden erwarten Informationen primär online (63%) gefolgt von Katalogen und Broschüren (34%) ▸ Viele Produktinformationen sind nicht digital verfügbar ▸ ...	▸ 42% der Käufe sind das Ergebnis einer persönlichen Beratung ▸ Das digitale Beratungsangebot schneidet im Bezug auf die Nutzerfreundlichkeit schlecht ab ▸ ...	▸ Durch einen krisenbedingten Anstieg des Liefervolumens kommt es zu Engpässen bei Fulfillment Partnern ▸ Lagerbestände aktuell an Kapazitätsgrenze ▸ ...	▸ Digitaler Kundenservice schneidet im Branchenvergleich unterdurchschnittlich ab ▸ Aktuell kommt es zur Überlastung des Call-Centers ▸ ...	

...						
Forschungsergebnisse						

Abb. 2.25   Sekundärforschung im morphologischen Kasten (Beispiel)

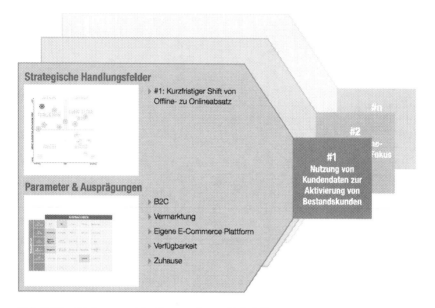

Abb. 2.26 Ableitung von Handlungsoptionen (Beispiel)

aufweisen, sollten grundsätzlich vermieden werden, es sei denn, diese sind unabhängig vom Zielbeitrag, zum Beispiel aus rechtlichen Gründen, für das Unternehmen von Bedeutung. In diesem Fall sollten diese gesondert markiert werden (Abb. 2.28).

Für die weitere Konkretisierung der Umsetzungsplanung empfiehlt es sich, die ausgewählten Handlungsoptionen in eine Roadmap zu übertragen. Wann ein bestimmtes Projekt oder eine bestimmte Maßnahme umgesetzt werden soll bzw. kann, hängt dabei nicht nur von dessen spezifischer Komplexität ab, sondern auch von der Verfügbarkeit von internen oder externen Ressourcen, sowie möglichen Abhängigkeiten zwischen einzelnen Maßnahmen. Dies gilt es bei der Planung zu berücksichtigen (Abb. 2.29). Die Roadmap kann im Gegensatz zu einem Projektplan auch dynamisch verstanden werden. Entsprechend können Zeiträume unter Umständen noch verändert werden, wenn im Zuge der weiteren Ausarbeitung der einzelnen Projekte und Maßnahmen ein tieferes Detail- und Planungslevel erreicht wird.

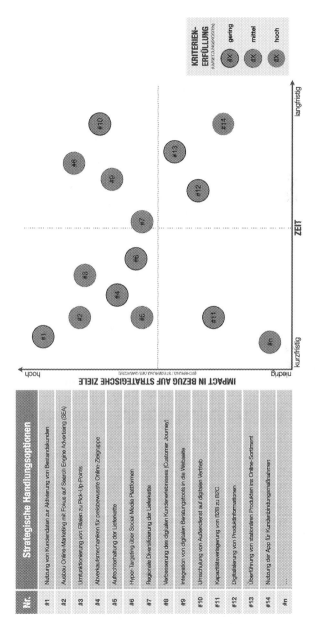

Abb. 2.27 Bewertung und Verortung von Handlungsoptionen (Beispiel)

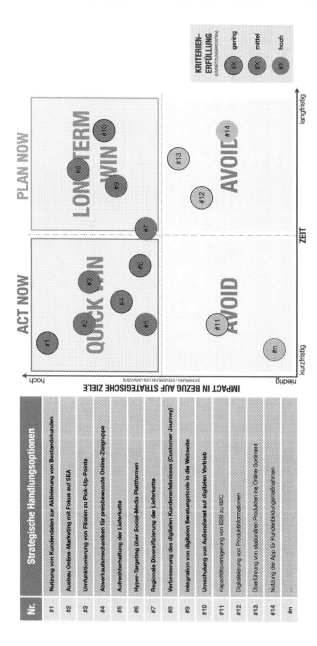

Abb. 2.28 Entscheidungsmatrix: Handlungsoptionen (Beispiel)

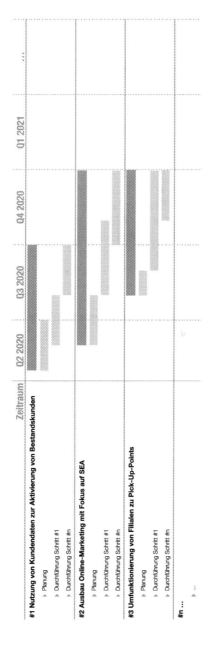

Abb. 2.29 Strategische Roadmap (Beispiel)

2.7   Kontinuierliche Anpassung etablieren: Dynamischer Strategieprozess

"Im Moment ist eine verlässliche Prognose schlicht nicht möglich. Schwere und Dauer der Krise sind aktuell nicht einzuschätzen [40]."
Frank Witter, Finanzvorstand Volkswagen, März 2020

In einer relativ stabilen und vorhersehbaren Welt dienen Strategien dazu, einen möglichst dauerhaften, und somit implizit statischen Wettbewerbsvorteil aufzubauen. Doch in Krisenzeiten können bisherige Wettbewerbsvorteile plötzlich zu Nachteilen werden und Marktanteile können sich schnell verschieben [4]. Im Kontext einer Krise kommt es nicht nur darauf an, die richtigen strategischen Maßnahmen zu definieren und umzusetzen. Auch sogenannte dynamische Fähigkeiten sind entscheidend, um eine schnelle Adaption und Veränderung zu ermöglichen. Schließlich gilt es in einer Krise, strategische Entscheidungen kontinuierlich auf den Prüfstand zu stellen: Sind die gewählten Ziele und Kriterien noch passend? Wie laufen die bestehenden Projekte? Haben sich externe Einflussfaktoren geändert, und zeigen sich dadurch neue Stärken und Schwächen im Geschäftsmodell?

Um diese und andere strategische Fragen während einer Krise bestenfalls in einem monatlichen oder gar wöchentlichen Turnus zu klären, gilt es, die Entscheidungsfindung im Unternehmen signifikant zu beschleunigen. Die im Rahmen des beschriebenen Strategieprozesses erarbeitete Entscheidungsmatrix bietet dazu die nötige Voraussetzung. Bei neuen Erkenntnissen in Bezug auf die Krise können sowohl die gewählten Ziele und Kriterien, als auch die definierten Handlungsfelder bzw. -optionen schnell und effizient in der Entscheidungsmatrix angepasst und ggf. sogar neue Projekte oder Maßnahmen definiert werden (Abb. 2.30). Das Instrument wird dadurch zu einer „agilen Strategiematrix", die in jeder strategischen Diskussion als klar strukturierte, zielgerichtete und transparente Diskussionsgrundlage dienen kann.

Mithilfe der Strategiematrix sowie des gesamten in Kap. 2 skizzierten Strategieprozesses (Abb. 2.31), wird es für Unternehmen möglich, in Krisenzeiten schnell und proaktiv zu agieren und somit nicht nur erfolgreich durch die Krise zu kommen, sondern bestenfalls auch durch die Krise erfolgreicher zu werden.

Für Leser dieses Buches stellen wir wichtige Instrumente zur Strategieentwicklung in Krisenzeiten auch digital zur Verfügung. Diese können Sie auf folgender Webseite abrufen: www.erfolgreich-durch-die-krise.com.

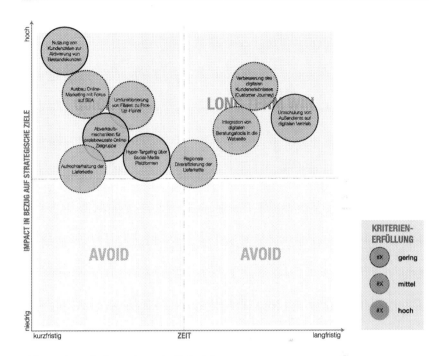

Abb. 2.30   Agile Strategiematrix (Beispiel)

Abb. 2.31   Prozess zur Strategieentwicklung in Krisenzeiten (Gesamt)

Ausblick: Nach der Krise ist nicht vor der Krise

„Die Menschheit muss eine Entscheidung treffen. Werden wir den Weg der Uneinigkeit gehen oder den Weg der globalen Solidarität einschlagen? Wenn wir uns für die Uneinigkeit entscheiden, wird dies nicht nur die Krise verlängern, sondern in Zukunft wahrscheinlich noch schlimmere Katastrophen verursachen. Wenn wir uns für globale Solidarität entscheiden, wird dies nicht nur ein Sieg gegen das Coronavirus sein, sondern gegen alle zukünftigen Epidemien und Krisen, die die Menschheit im 21. Jahrhundert heimsuchen könnten [41]."
Yuval Noah Harari, NYT-Bestseller-Autor, März 2020

Krisen sind Scheidewege, an denen die Weichen für unsere Zukunft gestellt werden. Ein derart einschneidendes Ereignis hinterlässt Spuren, und so finden wir nach einer Krise zwar in eine Normalität zurück, doch unterscheidet sich diese stets vom gewohnten Alltag vor diesem Ereignis. Diese Auswirkungen lassen sich auf der Ebene des Individuums ebenso beobachten wie in der Art und Weise, wie Unternehmen wirtschaften, Gesellschaften zusammenleben oder politische Systeme funktionieren. Wir sind dieser Entwicklung aber nicht schutzlos ausgeliefert, sondern haben die Chance, diese aktiv mitzugestalten.

Dazu hat beispielsweise das Projekt D2030 erste Antworten in Form von Szenarien für die Frage des „danach" entwickelt. Hier wurden mehr als 100 Zukunftsexperten aus Wissenschaft, Wirtschaft, Verwaltung, Beratung und Zivilgesellschaft befragt, wie sie die Entwicklung Deutschlands in den kommenden Jahren einschätzen. Auch wenn vereinzelt Sorgen geäußert werden, die bis zu langfristigen Strukturkrisen und der Aushöhlung und Erosion der Demokratie reichen, zeichnet sich insgesamt ein optimistisches Bild. 73 % der Experten (Stand April 2020) rechnen damit, dass die Krise in Deutschland zu mehr Nachhaltigkeit und Gemeinwohl und gleichzeitig zu einer insgesamt

F. Lanzer et al., *Erfolgreich durch die Krise,* essentials, https://doi.org/10.1007/978-3-658-30543-7_3

offeneren Gesellschaft führen wird. Für 97 % der Experten ist dabei klar: Ein „Zurück-zur-alten-Normalität" wird es nicht geben [42].

Die Ergebnisse zeigen, wie fundamental die Chancen sind, Krisen zu einer positiven Gestaltung der Zukunft zu nutzen. Dies macht Hoffnung, denn wenn wir eines wissen, dann ist es, dass auch in Zukunft Krisen nicht nur unvorhersehbar, sondern auch unvermeidbar bleiben werden. Um Krisen als Teil des (Unternehmens-)lebens begreifen zu können, muss die Fähigkeit etabliert werden, mit Unsicherheit umzugehen. Dazu gilt es, auch die eigene Resilienz zu stärken.

Resilienz bezeichnet dabei die Widerstandsfähigkeit, Krisen zu überwinden und sie durch Rückgriff auf aufgebaute Fertigkeiten als Anlass für Entwicklungen zu nutzen. Dies ist in vielen Bereichen eine sehr nützliche Fähigkeit, wie Prof. Nathan Furr von der INSEAD Universität untersuchte [43]. In seinen Studien beschäftigte er sich mit Personen, die in ihrem Alltag mit großer Unsicherheit umgehen oder besonders resilient sein müssen, wie beispielsweise Gründer, CEOs, Notfallsanitäter, Pokerspieler, Surfer, Startup-Investoren oder Feuerwehrmänner. Dabei konnte er spezifische Muster erkennen, die sehr gut als Leitfaden für resiliente Mitarbeiter, Manager und Unternehmer geeignet sind. Ein wichtiges Muster ist die Fähigkeit, Krisen als Lernmöglichkeit anzusehen. Zudem kann es hilfreich sein, das Leben als Spiel zu betrachten, in dem Frustration und Misserfolg Ansporn zu neuen Höchstleistungen und Optimierungen sind. Häufig ist sogar Dankbarkeit angebracht, da Krisen viele Gelegenheiten dazu bieten, Dinge neu wertzuschätzen. In einigen Fällen wiederum hilft nur die Zufallserkenntnis, dass man eben auch Pech haben kann, und dies kein Grund ist aufzugeben. Besonders inspirierend ist das Heldenmuster, wie es zum Beispiel der australische Filmemacher und ehemalige Notfallsanitäter Benjamin Gilmour beschreibt [43]:

> „Die meisten Menschen sehen Hindernisse und interpretieren sie als ein Zeichen zum Aufhören. Ich habe gelernt, Hindernisse als Zeichen zu sehen, dass ich in die richtige Richtung gegangen bin. Jede Geschichte, die wir lieben, von Luke Skywalker bis Harry Potter, handelt von dem Helden, der Hindernisse überwindet. Jeder liebt den Helden. Aber die Hindernisse sind es, die den Helden ausmachen. Der einzige Weg, ein Held zu werden ist, die Hindernisse zu überwinden!"
> **Benjamin Gilmour, Regisseur & Drehbuchautor**

Unternehmen können mit den geeigneten Strategien und der richtigen Einstellung Krisen nicht nur überleben, sondern als „Helden" aus ihnen hervorgehen. Doch ist dies nicht die Zeit der Einzelkämpfer. Wie die Corona-Krise eindrucksvoll beweist, sind unsere Schicksale auf einer globalen Ebene untrennbar miteinander verwoben. Niemand steckt alleine in dieser Krise, und niemand kommt alleine wieder aus ihr heraus. Somit liegt es an allen gemeinsam, die Zukunft zum Besseren zu gestalten.

Wir wünschen Ihnen viel Erfolg in dieser und in zukünftigen Krisen!

Was Sie aus diesem *essential* mitnehmen können

- Krisen sind unvorhersehbar, unvermeidbar und verändern die Rahmenbedingungen für Unternehmen oft grundlegend und nachhaltig
- Veränderungen durch Krisen bringen nicht nur Herausforderungen, sondern auch Chancen für den Erfolg von Unternehmen mit sich
- Unternehmensbeispiele aus der aktuellen und vergangenen Krisen zeigen diverse mögliche Strategiemaßnahmen in Krisenzeiten auf
- Unternehmen, welche die Chancen in Krisenzeiten durch proaktive Strategien nutzen, kommen erfolgreicher durch die Krise, und aus dieser heraus
- Die passende proaktive Strategie für den Erfolg durch die Krise lässt sich anhand des im Buch beschriebenen Prozesses systematisch entwickeln
- Die im Buch enthaltenen Instrumente und Methoden zur Strategieentwicklung lassen sich direkt im eigenen Unternehmen anwenden

Literatur

1. Die Zeit. (2020). US-Senat billigt größtes Hilfspaket der Geschichte. *Zeit Online.* https://www.zeit.de/politik/ausland/2020-03/usa-coronavirus-senat-rettungspaket-hilfen-finanzen. Zugegriffen: 17. Apr. 2020.
2. Friebe, H. (2020). Clusterfucks: Sollbruchstellen der Zivilisation. Zukunftsinstitut. https://www.zukunftsinstitut.de/artikel/zukunftsreport/clusterfuck/. Zugegriffen: 17. Apr. 2020.
3. Der Spiegel. (2020). Merkel sieht Coronakrise als größte Herausforderung seit dem Zweiten Weltkrieg. *Spiegel Online.* https://www.spiegel.de/politik/deutschland/angela-merkel-sieht-corona-krise-als-groesste-herausforderung-seit-dem-zweiten-weltkrieg-a-bd56dc3f-2436-4a03-b2cf-5e44e06ffb49. Zugegriffen: 17. Apr. 2020.
4. Brandtner, M. (2020). Corona-Krise als Chance: Jetzt in den Zukunftsmodus wechseln! Absatzwirtschaft. https://www.absatzwirtschaft.de/corona-krise-als-chance-jetzt-aktiv-in-den-zukunftsmodus-wechseln-170915/. Zugegriffen: 17. Apr. 2020.
5. The New York Times. (2009) A terrible thing to waste. *New York Times Online.* https://www.nytimes.com/2009/08/02/magazine/02FOB-onlanguage-t.html. Zugegriffen: 17. Apr. 2020.
6. Horx, M. (2020). 48 – Die Welt nach Corona. Zukunftsinstitut. https://www.horx.com/48-die-welt-nach-corona/. Zugegriffen: 17. Apr. 2020.
7. Carlsson-Szezak, P., Reeves, M., & Swartz, P. (2020). What coronavirus could mean for the global economy. *Harvard Business Review Online.* https://hbr.org/2020/03/what-coronavirus-could-mean-for-the-global-economy. Zugegriffen: 17. Apr. 2020.
8. Der Spiegel. (2020). Deutschland steht vor einer tiefen Rezession. *Spiegel Online.* https://www.spiegel.de/wirtschaft/corona-krise-deutsche-wirtschaft-steht-vor-tiefgreifender-rezession-a-1f811018-5ff2-4290-8573-0d32fb159ac2?sara_ecid=soci_upd_KsBF0AFjflf0DZCxpPYDCQgO1dEMph. Zugegriffen: 17. Apr. 2020.
9. Ametsreiter, H. (2020). Corona und die Stunde der Netzbetreiber. Vodafone Deutschland. https://www.vodafone.de/newsroom/unternehmen/corona-und-die-stunde-der-netzbetreiber/. Zugegriffen: 17. Apr. 2020.
10. Reeves, M., Rhodes, D., Ketels, C., & Whitaker, K. (2019). Advantage in adversity: Winning the next downturn. BCG. https://www.bcg.com/publications/2019/advantage-in-adversity-winning-next-downturn.aspx. Zugegriffen: 17. Apr. 2020.

© Der/die Herausgeber bzw. der/die Autor(en), exklusiv lizenziert durch Springer Fachmedien Wiesbaden GmbH, ein Teil von Springer Nature 2020
F. Lanzer et al., *Erfolgreich durch die Krise,* essentials, https://doi.org/10.1007/978-3-658-30543-7

11. Reeves, M., Whitaker, K., & Ketels, C. (2019). Companies need to prepare for the next economic downturn. *Harvard Business Review Online*. https://hbr.org/2019/04/companies-need-to-prepare-for-the-next-economic-downturn. Zugegriffen: 17. Apr 2020.
12. Gulati, R., Nohria, N., & Wohlgezogen, F. (2010). Roaring out of recession. *Harvard Business Review Online*. https://hbr.org/2010/03/roaring-out-of-recession. Zugegriffen: 17. Apr. 2020.
13. Katzin, J. (2019). Bain study: Strategies to win during an economic recession. Consultancy.eu. https://www.consultancy.eu/news/3402/strategies-to-win-during-an-economic-recession. Zugegriffen: 17. Apr. 2020.
14. Eversloh, S. (2020). Wie Sie in der Krisis Ihre Kräfte aktivieren. *WirtschaftsWoche Online*. https://www.wiwo.de/erfolg/trends/psychischer-stress-wie-sie-in-der-krise-ihre-kraefte-aktivieren/25707504.html. Zugegriffen: 17. Apr. 2020.
15. Reeves, M., Faeste, L., Chen, C. Carlsson-Szelzak, P., & Whitaker, K. (2020). How chinese companies have responded to coronavirus. *Harvard Business Review Online*. https://hbr.org/2020/03/how-chinese-companies-have-responded-to-coronavirus. Zugegriffen: 17. Apr. 2020.
16. Kübler-Ross, E., & Kessler, D. (2014). *On grief & grieving: Finding the meaning of grief through the five stages of loss*. New York: Scribner.
17. Eberhardt, H. (2020). Andere Länder, gleicher Umgang: Die 5 Phasen des Coronavirus. Absatzwirtschaft. https://www.absatzwirtschaft.de/andere-laender-gleiche-aufarbeitung-die-5-phasen-von-corona-170839/. Zugegriffen: 17. Apr. 2020.
18. Eilertsen, S., & Wilson, J. (2010). How did strategic planning help during the economic crisis. *Strategy & Leadership, 38*(2), 5–14.
19. Sauberschwarz, L., & Weiß, L. (2018). Das Comeback der Konzerne. Wie große Unternehmen mit effizienten Innovationen den Kampf gegen disrutpive Start-ups gewinnen. Vahlen.
20. Kaelble, M. (2020). Interview: Corona-Krise könnte schlimmer sein als die Weltwirtschaftskrise 1929. Capital Online. https://www.capital.de/allgemein/corona-koennte-schlimmer-sein-als-die-weltwirtschaftkrise-1929. Zugegriffen: 17. Apr. 2020.
21. Wiener Zeitung. (2020). Die drei Schocks der Corona-Krise. *Wiener Zeitung Online*. https://www.wienerzeitung.at/nachrichten/wirtschaft/international/2053137-Die-drei-Schocks-der-Corona-Krise.html. Zugegriffen: 17. Apr. 2020.
22. Gittel, J., Cameron, K., Lim, S., & Rivas, V. (2006). Relationships, layoffs, and organizational resilience. Airline industry responses to September 11. *The Journal of Applied Behavorial Science, 42*(3), 300–329.
23. Fink, L. (2020). Larry Fink's Chariman's Letter to Shareholders. Blackrock. https://www.blackrock.com/corporate/investor-relations/larry-fink-chairmans-letter. Zugegriffen: 17. Apr. 2020.
24. Reeves, M., Carlsson-Szlezak, P., Whitaker, K., & Abraham, M. (2020). Sensing and shaping the Post-COVID era. BCG Henderson Institute. https://bcghendersoninstitute.com/sensing-and-shaping-the-post-covid-era-c282cd227a4f. Zugegriffen: 17. Apr. 2020.
25. Raphael L. (2020). Amazon benefits from corona-crisis: The demand for the food delivery services has increased tenfold. Kryptoszene. Zugegriffen: 17. Apr. 2020.

26. Thau, B. (2020). Experts unpack the massive cross-industry impact of the coronavirus, from retail to hospitality. U.S. Chamber of Commerce. https://www.uschamber.com/co/good-company/launch-pad/coronavirus-effects-on-major-industries. Zugegriffen: 17. Apr. 2020.

27. Simon, H. (2020). Was wird nach Corona sein? Womöglich brechen die Reisen dauerhaft ein – Was Zeit, Kosten und Anstrengungen sparen würde, überlegt Hermann Simon im Gastkommentar (2). WirtschaftsWoche Management Blog. https://blog.wiwo.de/management/2020/03/15/was-wird-nach-corona-sein-womoeglich-brechen-die-reisen-ein-was-zeit-kosten-und-anstrengungen-sparen-wuerde-ueberlegt-hermann-simon-im-gastkommentar-2/. Zugegriffen: 17. Apr. 2020.

28. Guldner, J. (2020). Wie man plant, wenn man nicht plant. https://www.wiwo.de/erfolg/management/coronavirus-wie-man-plant-wenn-nichts-planbar-ist/25709456.html. Zugegriffen: 17. Apr. 2020.

29. Zukunftsinstitut. (2020). Der Corona-Effekt. Vier Zukunftsszenarien. Whitepaper. https://www.zukunftsinstitut.de/fileadmin/user_upload/Zukunftsinstitut_White_Paper_Der_Corona_Effekt_4_Zukunftsszenarien.pdf. Zugegriffen: 17. Apr. 2020.

30. Zheng, K. (2020). How SARS led to the birth of China E-Commerce. https://allchinareview.com/how-sars-led-to-the-birth-of-china-e-commerce/. Zugegriffen: 17. Apr. 2020.

31. Fitzgerald, M. (2020). Walmart makes run to all-time highs amid coronavirus market plunge. CNBC. https://www.cnbc.com/2020/03/19/walmart-makes-run-to-all-time-highs-amid-coronavirus-market-plunge.html. Zugegriffen: 17. Apr. 2020.

32. OECD. (2009). Policy responses to the economic crisis. Investing in innovation for long-term growth. https://www.oecd.org/sti/42983414.pdf. Zugegriffen: 17. Apr. 2020.

33. Devece, C., Peris-Ortiz, M., & Rueda-Armengot, C. (2016). Entrepreneurship during economic crisis: Success factors and paths to failure. *Journal of Business Research*, 69(10), 5366–5370.

34. Rhodes, D., & Stelter, D. (2009). Seize advantage in a downturn. *Harvard Business Review Online*. https://hbr.org/2009/02/seize-advantage-in-a-downturn. Zugegriffen: 17. Apr. 2020.

35. Roberts, K. (2003). What strategic investments should you make during recession to gain competitive advantage in the recovery? *Strategy & Leadership., 31*(4), 31–39.

36. Chan Kim, W., & Mauborgne, R. (2020). How to achieve resilient growth throughout the business cycle. *Harvard Business Review Online*. https://hbr.org/2020/03/how-to-achieve-resilient-growth-throughout-the-business-cycle. Zugegriffen: 17. Apr. 2020.

37. Courtney, H., Kirkland, J., & Viguerie, P. (1997). Strategy under uncertainty. *Harvard Business Review Online*. https://hbr-org.cdn.ampproject.org/c/s/hbr.org/amp/1997/11/strategy-under-uncertainty. Zugegriffen: 17. April 2020.

38. Simon, H. (2009). 33 Sofortmaßnahmen gegen die Krise. Campus.

39. IT-Times. (2020). BMW gewährt Einblick in die mittelfristige Strategie und wagt Ausblick für 2020. IT Times. https://www.it-times.de/news/bmw-gewaehrt-einblick-in-die-mittelfristige-strategie-und-wagt-ausblick-fuer-2020-134831/. Zugegriffen: 17. Apr. 2020.

40. Der Spiegel. (2020). Läuft nicht mehr. *Spiegel online*. https://www.spiegel.de/wirtschaft/unternehmen/volkswagen-in-der-corona-krise-laeuft-nicht-mehr-a-99111b52-daa2-41bb-9688-8393ab18f192. Zugegriffen: 17. Apr. 2020.

41. Harari, Y. (2020). The world after coronavirus | Free to read. Financial Times Online. https://www.ft.com/content/19d90308-6858-11ea-a3c9-1fe6fedcca75. Zugegriffen: 17. Apr. 2020.
42. D2030 (2020). Die Deutschland 2030-Szenarien im Corona-Stresstest. Initiative D2030. https://www.d2030.de/die-d2030-szenarien-im-corona-stresstest/. Zugegriffen: 17. Apr. 2020.
43. Furr, N. (2020). You're not powerless in the face of uncertainty. *Harvard Business Review Online*. https://hbr-org.cdn.ampproject.org/c/s/hbr.org/amp/2020/03/youre-not-powerless-in-the-face-of-uncertainty. Zugegriffen: 17. Apr. 2020.

Printed in the United States
By Bookmasters